CATHERINE DE LA GLÉTAIS

CATHERINE DE LA GLÉTAIS

SELENA GOMEZ

B DE BLOK

rcelona • Madrid • Bogotá • Buenos Aires • Caracas • México D.F. • Miami • Montevideo • Santiago de Chile

1.ª edición: septiembre 2012

© Caterina Berthelot de la Glétais 2012
© Ediciones B, S. A., 2012
  para el sello B de Blok
  Consell de Cent 425-427 - 08009 Barcelona (España)
  www.edicionesb.com

Printed in Spain
ISBN: 978-84-15579-03-8
Depósito legal: B. 20.226-2012

Impreso por LIBERDÚPLEX, S.L.
Ctra. BV 2249, km 7,4
Polígono Torrentfondo
08791 Sant Llorenç d'Hortons

Índice

1. Luna llena 9

2. La luna sobre la pradera 19

3. Siete lunas 29

4. Luna cambiante 41

5. Luna creciente 51

6. Esperando la luna 59

7. Disney's Moon 71

8. Bajo la luna de California 85

9. Hechizo de luna 97

10. Cantando a la luz de la luna 111

11. La luna de Costa Rica 127

12. La luna sobre Nueva York 141

13. Fin de ciclo lunar 155

14. Plenilunio 167

Filmografía 175

Discografía 179

1

Luna llena

Has sido muy valiente —le dijo la enfermera Rosalyn mientras depositaba a la niña recién nacida en los brazos de la madre.

Aquella tarde, cuando Rosalyn inició su turno en la maternidad del Hospital Lincoln de Nueva York y vio que entre las futuras madres a quienes debería asistir como ayudante de la comadrona figuraba Amanda Cornett, una adolescente de 16 años, suspiró resignada, pues sabía por experiencia que estas no eran pacientes fáciles y había llegado a la conclusión, después de muchos años de profesión, de que la mejor forma de ayudarlas era mostrarse cercana, pero sin perder nunca un tono de seriedad y autoridad. Por ello, cuando entró en la sala de partos esperaba encontrarse a una de esas tantas adolescentes con cara asustada, que se desmoronan en cuanto las contracciones empiezan a ser dolorosas y que exigen a todo el equipo médico un esfuerzo suplementario para mantener la situación bajo control.

Pero Rosalyn no tardó en darse cuenta de que Mandy, como la llamaban todos, era distinta y parecía sorprendentemente madura para su edad, pues desde el primer momento mostró una entereza y una resistencia al dolor poco comunes, incluso en mujeres mucho más adultas. Colaboró en todo momento con la comadrona, apenas se quejó y aplicó concienzudamente lo que le habían enseñado en las clases de preparación para el gran día. El parto había sido algo largo, aunque afortunadamente sin complicaciones, y madre e hija se encontraban perfectamente bien.

Por fin, el rostro algo severo de la enfermera se suavizó con una sonrisa cuando dijo:

—Has tenido una niña preciosa. ¿Ya has decidido cómo vas a llamarla?

—Selena —le respondió Mandy sin vacilar—. Significa «luna» en griego, ¿sabe? ¿Verdad que es el nombre más bonito del mundo, enfermera?

—Sí que lo es —contestó Rose—. Vuelvo dentro de unos minutos, si necesitas algo, ya sabes donde está el timbre —añadió mientras salía de la habitación del hospital y cerraba con sigilo la puerta.

Madre e hija se quedaron a solas por vez primera, pues la abuela materna y Ricardo, el padre de la pequeña, habían bajado a comer algo a la cafetería del hospital. Selena dormía plácidamente y Mandy no salía de su asombro al contemplar aquella carita redonda, la boca perfectamente dibujada y los ojitos almendrados con la piel de los párpados casi transparentes, en los que se distinguían unas diminutas pestañas negras, tan negras como la suave pelusilla que recubría su cabeza. Mientras acariciaba con la mayor delicadeza del mundo las pequeñas manos del bebé, le invadió una ternura desbordante hacia aquel ser diminuto.

Desde el preciso instante en que Mandy descubrió que estaba embarazada, la semilla del amor incondicional había empezado a brotar en su interior. Jamás olvidaría aquella fría tarde de enero en que se encerró en la modesta habitación alquilada en una casa de huéspedes para hacerse el test de embarazo que había comprado en una farmacia distinta a la que acudía habitualmente, como si temiese encontrarse con alguien conocido en una ciudad donde era una perfecta extraña. Después de abrir con mano temblorosa el envoltorio e intentar serenarse para leer las instrucciones del prospecto, desde el otro lado de la pared le llegaban ecos de la serie de televisión que, como cada noche y a la misma hora desde hacía meses, su casera no se perdía por nada del mundo. Pero cuando dos rayas rojas se dibujaron nítidamente en el visor del tubito, supo que esa noche no era como las demás y que a partir de ese momento su vida cambiaría para siempre.

La confirmación de su sospecha hizo que su corazón se pusiera a latir con fuerza y que todo empezara a darle vueltas, mientras se arremolinaron en su mente miles de imágenes de lo que había sido su vida hasta entonces, la de una adolescente como muchas otras nacida en una familia italoamericana de clase media procedente de una pequeña ciudad de Texas. ¿Cómo se lo iba a decir a sus padres? A duras penas había logrado convencerles de que le dejaran trasladarse a Nueva York e intentar formarse como actriz. ¿Y qué diría Ricardo, su chico? ¿Cómo iba a reaccionar? ¡Siempre pensó que quedarse embarazada a los 16 años era algo que solo les ocurría a las demás, no a una chica como ella que siempre había tenido la cabeza sobre los hombros! ¿Qué iba a pasar con las clases de arte dramático por las que tanto había luchado? ¿Y qué pasaría con el teatro, su gran pasión? Desde que tenía memoria, Mandy había deseado ser actriz y estaba convencida además de que tenía talento para la interpretación.

Miró incrédula la pequeña habitación con cuarto de baño que había alquilado y donde había intentado aliviar la añoranza de su hogar colgando en la pared fotos de sus amigas del instituto de Grand Prairie, llevándose sus peluches preferidos, sus músicas, sus libros... Junto a su cama, enmarcada, la foto de su última actuación en el club de teatro *amateur* del barrio. Estas cuatro paredes que habían compuesto su universo familiar en los últimos meses de pronto le parecieron ajenas y casi irreales. Era como si las piezas del puzzle que formaban su vida hasta entonces hubieran saltado por los aires.

Eran tantas las dudas que la asaltaron que sintió un nudo en la garganta y las lágrimas empezaron a derramarse por su rostro, incontenibles. Pero en medio de la incertidumbre y del profundo miedo que sentía, empezó a abrirse camino en su interior una certeza, que se iba haciendo fuerte por momentos: tendría al bebé, no dejaría que esa llamita que había empezado a brillar dentro de ella se apagara por nada del mundo. Se acercó a la ventana, abrió las cortinas y acercó una pequeña butaca desgastada para sentarse a contemplar la luna llena que brillaba en aquella noche de marzo, como si buscara algún tipo de consuelo en la cara bondadosa del astro.

Sin duda los meses posteriores no fueron fáciles. Después de la conmoción que había supuesto para la familia la noticia de su embarazo, después de los gritos, los reproches y los lloros, había llegado la calma y la aceptación de la situación. Pero esto no le evitó tener que soportar los cuchicheos de sus compañeros de la escuela de arte dramático, la mirada condescendiente de los profesores, la fingida indiferencia de los vecinos, que hacían grandes esfuerzos por no mirarle la barriga cuando se cruzaban con ella. Pero ante cada uno de los obstáculos que se fue encontrando a lo largo de su embarazo, Mandy siempre hallaba una fuerza interior, que no hacía sino acrecentarse a medida que su silueta se iba redondeando.

Y ahí estaba ella, en una habitación de la maternidad neoyorquina, en una calurosa noche del 22 de julio de 1992, sintiendo el peso extraordinariamente liviano y el calor de su pequeña entre los brazos.

—Selena, mi amor —empezó a decirle casi con un susurro—. Selena, mi amor, sabía que tenía que luchar por ti, lo hemos conseguido las dos juntas y así será siempre. Tú y yo: nadie podrá separarnos nunca. ¿Sabes? Tu mamá tiene todavía muchos sueños por cumplir y tú serás quien me dé las fuerzas para seguir adelante, aunque por ahora nos volveremos a casa, a Grand Prairie. Y cuando llegue la hora, seré yo quien te ayude a hacer realidad los tuyos.

En aquel momento, como si hubiera entendido las palabras que le musitaba su madre, la pequeña abrió los ojos y la cara de Mandy se iluminó. Si no se hubiera sentido tan débil, le habría gustado levantarse y acercar a su pequeña a la ventana, pues aquella noche la luna llena ofrecía una estampa de postal sobre el *skyline* de Nueva York. Pero no le importó esperar, pues sabía que todavía quedaban infinitas lunas en el horizonte de ambas.

2

La luna sobre la pradera

Grand Prairie es una pequeña localidad del estado de Texas que empezó a crecer cuando las diligencias del Lejano Oeste que efectuaban el trayecto entre Dallas y Fort Worth hacían sus paradas para repostar en aquel lugar perdido entre extensas llanuras azotadas por el sol.

Habían pasado casi cinco años desde aquella sofocante tarde de agosto en la que Mandy y Ricardo, con la pequeña Selena en brazos de la madre, aparcaron el coche alquilado que contenía sus escasas pertenencias delante de la casa de los padres de Mandy, que vivían en un barrio de clase trabajadora en las afueras de Grand Prairie. Era el fin de una aventura neoyorquina empezada hacía algo más de un año, cuando Mandy se despidió de sus padres en la parada de autobuses para ir en busca de su sueño, convertirse en actriz de teatro. ¡Quién hubiera pensado entonces que volvería poco tiempo después, casada y con una hija!

Ahora todo aquello había quedado atrás, pues lo único verdaderamente importante para Mandy era que la pequeña Selena pudiera crecer arropada por el calor de los suyos, una numerosa familia de origen italiano capaz de formar una piña cuando era necesario. También contaría con el apoyo de los Gomez, la familia paterna, de ascendencia mexicana, que estaba deseando conocer a la pequeña.

El recuerdo de aquella tarde de verano volvió con fuerza a la memoria de Mandy mientras removía su taza de café y tuvo que hacer un esfuerzo para no dejarse llevar por la nostalgia. No pudo evitar pensar que en este momento de su vida también estaba poniendo un punto y final a una etapa.

—¿Estás segura de que no hay vuelta atrás, de que no quieres volverlo a intentar? —le preguntó Alisson, con el tono de quien sabe de antemano la respuesta pero no puede resistirse a formular una pregunta casi obligada.

Las dos amigas estaban sentadas como tantas otras tardes delante de la pequeña mesa redonda de la cocina, donde habían compartido confidencias, preocupaciones y alegrías desde que Mandy había vuelto al barrio. Se conocían de toda la vida, habían acudido a la misma escuela y al mismo *high school* y, pese a ser totalmente diferentes, sentían una lealtad inquebrantable la una por la otra.

—Tú sabes mejor que nadie que hace mucho que debería haber tomado esta decisión —le contestó con tono cansado Mandy—. Si no nos hemos separado antes, ha sido por la niña. Pero ahora está todo hablado, la semana que viene recogerá sus cosas y se irá a vivir con su hermano.

—¿Y Selena, qué piensas decirle? —le preguntó Alisson, mientras un halo de preocupación enturbiaba la expresión bondadosa de su rostro al pronunciar el nombre de la niña.

— Selena ya no es un bebé —le contestó Mandy—. Está a punto de cumplir cinco años y ya sabes que es una niña sorprendentemente madura para su edad, que entiende muy bien las cosas pese a ser tan pequeña. Ella y su padre se adoran, y eso no va a cambiar nunca, ya sabes que es él quien le ha inculcado el amor por la música y que tienen una gran complicidad.

Mientras pronunciaba estas palabras, Mandy recorrió con la mirada la sala con cocina americana que constituía la habitación principal de la modesta vivienda que tenían alquilada. Había intentado sacar todo el partido posible al mobiliario prestado para convertirlo en un hogar acogedor. Las estanterías cargadas de CD's y los libros dedicados al género musical atestiguaban la afición de Ricardo por la música. Sobre el aparato reproductor, un póster de Selena Quintanilla, su estrella favorita, parecía presidir la habitación. Tal era la devoción que Ricardo sentía por esa cantante, convertida en todo un mito para sus miles de seguidores desde su trágica desaparición con tan solo 23 años, que le había puesto el mismo nombre a su hija.

—Te entiendo perfectamente —asintió Alisson—. ¿Pero has pensado cómo te las vas a apañar a partir de ahora sin Ricardo, entre el trabajo y tus actuaciones en el teatro? ¿Cómo vas a hacer para cuidar de la niña? Sabes que siempre puedes contar conmigo para que te eche una mano, pero si hasta ahora te las has visto de todos los colores para salir adelante, ¿cómo lo vas a hacer ahora tirando del carro tú sola? Tienes que ser realista, Mandy.

—Y precisamente porque lo soy he decidido separarme —le replicó casi desafiante.

Alisson conocía muy bien esa mirada de determinación en su amiga y sabía a ciencia cierta que no solo era imposible hacerla cambiar de idea sino que se saldría con la suya y llevaría a cabo lo que había decidido. Pero de pronto, la expresión de Mandy se llenó de luz cuando empezó a contarle:

—Oye, no te imaginas lo que hizo el otro día Selena. ¿Recuerdas que te conté que estoy ensayando una obra para la actuación del próximo Festival de Teatro de la ciudad con mi compañera de reparto? Pues bien, estábamos en el segundo acto cuando de pronto me quedo en blanco, empiezo a rebuscar entre el libreto, no encuentro mi réplica, se me caen las hojas al suelo... Y en ese momento, Selena, que estaba sentada en el sofá viendo tranquilamente unos dibujos animados, va y se levanta y empieza a recitar sola mi papel. ¡Se lo sabía de memoria solo por las veces que me ha oído ensayar! ¡Nos quedamos de piedra!

—No me extraña nada —contestó riéndose

Alisson—, esta niña es una pequeña actriz en potencia, recuerda cómo todo el mundo se quedó maravillado con ella en la actuación de fin de curso.

—Sí, es cierto —asintió Mandy con indisimulado orgullo y entre risas—. Las otras niñas parecían patitos mareados a su lado.

—Supongo que lo lleva en la sangre y es lo que ha vivido en casa. Desde bien pequeña te la has llevado los días de actuación al teatro y está tan acostumbrada a corretear entre bambalinas como otros niños a hacerlo en el parque infantil.

—Si en algo le tengo que dar la razón a su padre —reconoció Mandy—, es en que nuestra hija tiene una gracia especial y una facilidad para cantar y bailar que no deja de asombrarme.

—¿Sigue fascinada por Pocahontas y haciendo imitaciones de los programas de televisión? —preguntó Alisson.

—Se sabe la película de memoria y tendrías que ver cómo canta la banda sonora. Se pone delante del espejo de mi habitación, coge un cepillo o lo primero que encuentra como si fuera un micro y empieza a cantar y a bailar. Recuerda las melodías que oye por la tele o por la radio con una facilidad pasmosa, incluso los anuncios, ¡lo único es que ella se inventa gran parte de las letras y entonces es para morirse de risa!

Las dos amigas dejaron por un momento atrás la sombría perspectiva de la separación y se pusieron a reír de buena gana al pensar en la pequeña Selena imitando a una cantante y haciendo monerías delante del espejo. En ese momento, ninguna de las dos imaginó que se trataba mucho más que de un juego de niños.

3
Siete lunas

Como cada mañana, Mandy abrió con cuidado la puerta de la habitación de Selena, caminó hacia la ventana y esbozó una sonrisa al ver la carita dormida de su hija. Así empezaba el ritual de los días de colegio, preludio a una carrera a contrarreloj para lograr que la niña desayunara y se vistiera sin remolonear, mientras ella hacía las camas y acababa de arreglarse, antes de salir a toda prisa hacia el colegio para no llegar tarde a su trabajo como recepcionista. Pero aquella mañana, antes de abrir poco a poco la persiana para que la luz recorriera la habitación y lanzar con voz alegre el habitual saludo de buenos días, se detuvo junto a la cama para contemplar el rostro de la pequeña iluminado por los rayos que se deslizaban entre las láminas de la persiana.

Era un día muy distinto a los demás y quizá por ello se resistió a despertarla, como si quisiera que ese instante se eternizara para siempre. No pudo dejar de asombrarse de lo mucho que había crecido y de lo bonita que era, todavía sumida en el mágico mundo de los sueños infantiles. Algunos mechones de su larga melena castaña oscura enmarcaban alborotados su rostro menudo, en el que se dibujaba nítidamente la boca, que aun dormida parecía risueña por sus comisuras ligeramente levantadas, mientras su nariz respingona añadía una gracia infinita a sus facciones.

Aquel día no solo Selena cumplía siete años sino que, como si de un presagio se tratara, había conseguido una audición para el *casting* organizado en Dallas por la productora de la serie infantil *Barney and Friends*. ¿Y si no es una simple coincidencia, y si es una señal? —se había preguntado una y otra vez Mandy.

Salió de pronto de su ensimismamiento y acariciando con mucha suavidad la frente de la pequeña le susurró, casi canturreando:

—Buenos días princesa, ya es hora de levantarse.

Selena entreabrió los ojos y empezó a estirarse como una gatita, para volver a acurrucarse en la cama como si no hubiera oído a su madre.

—Selena, cariño —le repitió suavemente Mandy acariciándole el brazo—. Tienes que levantarte, hoy es tu gran día, ¿Recuerdas?

Entonces, volviendo a bostezar y frotándose los ojos, Selena miró fijamente a su madre y pareció de pronto totalmente despierta, mientras una gran sonrisa iluminaba su rostro, de esas sonrisas que hacían que todo el mundo se derritiera.

—¡Feliz cumpleaños, mi amor! ¡Mi princesa ya tiene siete años! —exclamó Mandy, mientras se abrazaban de esa forma fusional que parece reservada a los niños y a sus madres, como si todavía les uniera un cordón umbilical intangible. Y como para acabar de animarla a levantarse, añadió:

—Te he preparado un desayuno que te va a encantar, tus *cookies* preferidos, zumo de naranja batido con plátano y una taza de chocolate bien caliente, como a ti te gusta. Además, tengo una pequeña sorpresa para ti.

Antes de que hubiera acabado de enumerar las delicias que le esperaban, Selena ya había corrido hacia la pequeña sala con cocina americana donde su madre había colgado «Happy Birthday» en grandes letras que colgaban del techo, acompañadas de varias docenas de globos de todos los colores.

—¡Qué chulo mami! —exclamó Selena dando saltitos de alegría. Pero inesperadamente su rostro radiante mostró un mohín de disgusto cuando añadió—: ¿Por qué no nos quedamos a celebrar mi cumple como cada año, mami, con los abuelos, los tíos y los primos? ¿Por qué tengo que ir a esa audición en Dallas precisamente hoy, que es mi cumpleaños?

—Pero Selena... —le reprochó dulcemente Mandy—. ¿A qué viene eso ahora? ¿Si tú fuiste la primera que me animó para que te apuntara al *casting*? ¡Si te sabes de memoria todas las canciones de Barney!

—Ya lo sé mamá, pero es que, no sé... —y mientras intentaba balbucear alguna explicación con los ojos fijos en el suelo, su carita pareció llenarse de dudas y preocupación.

—Yo ya sé lo que te pasa, mi amor, es totalmente normal —le replicó la madre con suma dulzura, haciendo un esfuerzo para combatir su propia angustia y transmitir confianza a su hija. Se arrodilló y cogiendo la carita de su hija entre sus manos le dijo—: Mírame a los ojos Selena y recuerda bien lo que te voy a decir. Es tan solo un *casting*, si te cogen bien, y si no no pasa nada, nos volvemos a casa y tan tranquilas. Esta es la primera vez que te presentas a una audición, pero habrán muchas otras oportunidades. ¿Recuerdas que te expliqué que las buenas actrices siempre sienten miedo antes de salir al escenario, algo así como un dolor en la barriga? Pues bien, eso es lo que te pasa a ti ahora, tienes un poco de miedo, tienes nervios, pero nada más. ¡O sea que quiero que alegres esa carita tan linda y que me des un abrazo grande grande!

Como si sus palabras hubiesen sido un bálsamo, Selena se refugió en los brazos de su madre mientras sus ojos se llenaban de ilusión pensando en el gran día que le esperaba.

Encontrar aparcamiento en las proximidades de The Studios, en Las Colinas, había sido casi misión imposible. Aproximadamente 1.400 niños de entre cinco y diez años, con sus respectivos padres, habían acudido a la convocatoria de la productora de *Barney and Friends*, Lyrick Studios y Connecticut Public Television, para encontrar a niños y niñas que actuaran como personajes habituales de aquel show didáctico. *Barney and Friends*, protagonizado por un bondadoso dinosaurio de color lila que mediante juegos, bailes y canciones enseñaba a los niños habilidades básicas, llevaba en antena desde el año 1992 y se había convertido en un éxito sin precedentes de costa a costa. Era uno de los pocos programas infantiles que se grababan en los estudios de Dallas, por lo que para muchos de los niños del Estado de Texas constituía la única puerta abierta para entrar en el mundo de la televisión y del espectáculo.

Mandy no había esperado en ningún momento encontrarse con semejante afluencia de gente y estuvo a punto de dar media vuelta, pero el temor a desconcertar a Selena con su cambio de actitud y, sobre todo, una tenue esperanza en su interior, como la del que compra un billete de lotería con la corazonada de que le puede tocar, hizo que se armara de paciencia y que ocupara resignada su lugar al final de la larga cola formada a las puertas del estudio.

Los organizadores habían instalado unos *stands* para que las familias pudieran refugiarse del sofocante sol y distribuían en ellos bebidas y bocadillos. Un nerviosismo electrizante recorría la interminable y variopinta fila de candidatos a pequeñas estrellas, de distintas edades y razas, y de la que sobresalían ecos de conversaciones entre padres, reprimendas, risas infantiles y pequeños juegos improvisados.

Selena no se separó un minuto de su madre, que aliviaba de vez en cuando la interminable espera contándole pequeñas historias y hablándole de la fiesta de cumpleaños y de los regalos sorpresa que le esperaban al volver a casa. De pronto, Selena se fijó en una pequeña de su edad que se encontraba en la fila cerca de ella, de pelo castaño claro y largo, con flequillo, un gracioso hoyuelo en la barbilla y unas divertidas gafas redondas.

Al sentirse observada, esta le devolvió una mirada cómplice, se quitó la chaqueta, la extendió sobre el suelo, puso encima un cuaderno para co-

lorear y unas ceras de colores y le preguntó a Selena con una gran sonrisa:

—¿Quieres colorear el libro conmigo?

—Sí, claro —le contestó algo tímida Selena,
aunque sin dudar un segundo en imitar a su nueva
amiga y sentarse en el suelo.

—¿Cómo te llamas?

—¿Me llamo Selena, significa luna, ¿sabes?

—Oh, vaya —replicó la pequeña con cara de
asombro—. Yo me llamo Demi, Demi Lovato,
pero creo que no significa nada.

—Bueno, pero es muy bonito.

(Risas)

Y con esa facilidad que tienen los niños para
tratar con absoluta familiaridad a sus semejantes
en cuanto acaban de conocerlos, las dos pequeñas
se pusieron a colorear el libro mientras iba avan-
zando lentamente la cola. Y no solo compartieron
juegos y risas, sino que, como si de una extraordi-
naria casualidad se tratara, ambas fueron de las pocas afortunadas entre los cientos de niños en supe-
rar la primera prueba y ser citadas para la siguiente
audición.

Aquel 22 de julio de 1999, cumpleaños de Selena, no solo nació una amistad entre Selena Gomez

y Demi Lovato que todavía perdura en la actualidad, sino que fue el debut de la carrera de dos pequeñas estrellas emergentes, que iniciaron su camino hacia la fama en la serie *Barney and Friends*
en aquella calurosa y ya lejana tarde del verano de
Texas.

4
Luna cambiante

I *love you, you love me, we are a happy family...*»,
la cantinela que los niños y el dinosaurio púrpura
entonaban alegremente en cada uno de los capítulos de *Barney and Friends* resonaba insistente-
mente en la cabeza de Selena, pero en vez de evo-
carle la alegría de siempre, en aquel momento la
llenaba de tristeza y de nostalgia.

Al igual que los demás días, al finalizar la grabación del *show*, Jack, el regidor, había lanzado su
habitual «estupendo, chicos, ya hemos acabado
por hoy», la señal de partida para que operarios,
cámaras, iluminadores, actores, maquilladores y
demás personal del *set* de rodaje, como siguiendo

una rutina milimétricamente estudiada, apagaran las luces, las cámaras y los micrófonos, y abandonaran poco a poco el plató, entre animadas charlas y saludos de despedida. Pero aquella tarde, sin embargo, antes de dirigirse a los vestuarios y los camerinos, los miembros del equipo se habían reunido en torno a Selena y le habían dedicado un prolongado aplauso, seguido de abrazos y palabras cariñosas. A más de uno se le llenaron los ojos de lágrimas, pues aquella había sido la última actuación de Selena en el *show* tras dos años ininterrumpidos y eran conscientes de que existían muy pocas probabilidades de que se volvieran a ver, o por lo menos así había sucedido con la mayoría de los pequeños actores que habían desfilado por la producción de *Barney and Friends* desde su estreno en 1992.

Después de las consabidas palabras de ánimo, las promesas vagas de no perder el contacto, los besos y gestos cariñosos, cada cual había emprendido la vuelta a casa y el plató se había quedado desierto. Con los potentes focos apagados, el divertido y colorido jardín con sus pérgolas, sus columpios y sus casetas de madera que servían de escenario a las aventuras didácticas del dinosaurio se había sumido en la penumbra, iluminado apenas por las luces piloto de las salidas de emergencia y adquiriendo de pronto un aspecto de cartón piedra, de farsa artificial, como si tan solo la magia de la televisión fuese capaz de insuflarle veracidad.

—¿Selena, Selena, dónde te has metido? –resonó de pronto la voz inquieta de Mandy.

Había mirado en los camerinos, en la sala de *catering*, en los lavabos, preguntado por su hija en recepción y ya empezaba a preocuparse. Tan solo le faltaba comprobar si no estaba en el *set* de rodaje, por si a Selena se le hubiese ocurrido ir a dar una última mirada al lugar que había sido el centro de su pequeño mundo durante casi dos años. Una vez allí, reconoció la menuda silueta de su hija sentada en el suelo, junto a una de las pérgolas donde había compartido tantas secuencias con sus compañeros, acurrucada, con los brazos alrededor de sus piernas.

—¿Pero qué haces aquí tan sola, cariño? ¡Te he estado buscando por todo el estudio! ¿No has oído como te llamaba? —le preguntó Mandy con un leve tono de reproche.

La pequeña parecía no escuchar las palabras de su madre, ensimismada en sus pensamientos, con gesto serio y los labios apretados como si quisiera contener el leve temblor que agitaba su barbilla. A Mandy se le encogió el corazón al ver la tristeza de su hija y pensó que era demasiado pequeña para tener que afrontar una decepción tan grande, pero hizo un gran esfuerzo para decirle con fingida alegría:

—¡Vamos, cielo, date prisa, que nos esperan Demi y su madre para ir a vuestra heladería favorita del centro de la ciudad! ¡Ya verás qué bien nos lo vamos a pasar las cuatro! Podrás pedir el mismo helado que la última vez, con todo ese chocolate derretido caliente y ese caramelo por encima...

Al ver que no surtía ningún efecto la promesa de esa salida improvisada y que Selena seguía sumida en su muda tristeza y estaba cada vez más cerca de las lágrimas, Mandy decidió verbalizar lo que estaba pasando, con la vaga esperanza de quitarle hierro al asunto.

—No estés triste mi amor, no pasa nada. Ya te he explicado que en esta vida todos los trabajos tienen un principio y un fin, que hay que quedarse con lo bueno, con todo lo aprendido, y mirar hacia delante, siempre hacia adelante. Eso es así en cualquier trabajo, pero especialmente en el mundo del espectáculo. Ninguna película, ninguna serie dura para siempre, ni tiene siempre a los mismos actores. ¿Me escuchas? —le dijo mientras se arrodillaba y cogía su carita entre sus manos.

—¿Pero por qué mamá? ¿Por qué no podemos seguir como hasta ahora? —le replicó Selena con los ojos empañados de lágrimas—. Yo quiero seguir aquí, ¿por qué dicen que soy demasiado mayor? ¿Qué va a pasar ahora, mamá, qué voy a hacer sin *Barney and Friends*?

Selena buscó entonces refugio en los brazos de su madre y dejó ir toda la tristeza acumulada en su corazón, sollozando suavemente, mientras Mandy le acariciaba la cabeza y le susurraba tiernas palabras, intentando luchar contra la angustia que la invadía a ella también, pero sin poder evitar que esa misma pregunta la atenazara: ¿y ahora qué?

Desde que la productora Lyrics Studios le comunicara hacía un mes que había decidido no renovar el contrato de Selena para la siguiente temporada, argumentando que se había hecho algo mayor para un programa dedicado a niños de entre uno y ocho años, el primer pensamiento de Mandy había sido para su hija. ¿Cómo podría explicárselo a una niña de nueve años para que lo entendiera y no se sintiera rechazada?

A lo largo de los últimos dos años, Selena había vivido como un sueño fantástico su papel de Gianna, una pequeña llena de chispa y de gracia, que ayudaba al dinosaurio, junto a otros niños, a explicar las lecciones didácticas a las que iba dedicado cada capítulo. Indudablemente, *Barney and Friends* había sido una gran escuela para su hija, pues en este programa había aprendido a actuar con naturalidad delante de una cámara, a memorizar las frases del guión, a cantar, a bailar, a interactuar con los demás actores... Selena había demostrado tener dotes innatas para la interpretación, además de una gracia que se convertía en vis cómica cuando el guion lo exigía, razón por la cual solían elegirla para que fuese la protagonista de las escenas más divertidas.

Fuera del plató, la experiencia le había sido también muy útil para aprender a familiarizarse con la popularidad, con sus lados buenos y no tan buenos, como cuando algunos compañeros del colegio empezaron a burlarse de ella y a parodiar sus actuaciones junto al dinosaurio. También había descubierto lo difícil que resultaba trabajar en una serie de televisión y poder seguir el ritmo de la escuela como los demás niños, especialmente cuando las grabaciones le exigían ausentarse durante varios días y tenía que hacer después un esfuerzo extra para ponerse al corriente de las clases que había perdido.

Mandy tuvo muy claro desde el principio que quería que su hija tuviera una infancia lo más normal posible, que siguiera con su rutina escolar siempre que no se lo impidieran las circunstancias, que no perdiera el calor de los suyos, que siguiera jugando con sus amiguitos del barrio y en el equipo de baloncesto de su colegio. Aunque su hija era muy pequeña, le había inculcado la necesidad de tener siempre los pies en el suelo, entre otras cosas porque en una profesión con tantos vaivenes como la del espectáculo, la caída podía ser muy dura.

Cuando a Mandy le entraban dudas sobre si este peculiar ritmo de vida no suponía demasiada presión para su hija, siempre le había tranquilizado comprobar cómo, pese a todo el esfuerzo que requería compatibilizar la escuela con las grabaciones, Selena siempre acudía contenta al estudio, casi como si de un juego se tratara, y no se había quejado nunca de las largas horas de rodaje, ni de los madrugones, entre otras cosas porque suponía el reencuentro con su amiga Demi, con quien se había vuelto inseparable desde el primer día que coincidieron en el *casting*. El hecho de que las dos vivieran muy cerca había facilitado su relación y no era infrecuente que se quedaran a dormir en casa la una de la otra. En el estudio, la complicidad entre ambas niñas era evidente y había hecho sonreír a menudo a los adultos que trabajaban con ellas.

Sí, realmente, habían sido dos años muy felices, tan felices que ahora el futuro le parecía lleno de incertidumbre.

5
Luna creciente

Dime mamá, dímelo ya, qué te han dicho?
—preguntó Selena sin poder contener la excita-
ción y dando saltitos cuando su madre colgó el
teléfono. En realidad, no hacía falta que le diera
respuesta alguna pues la cara radiante de Mandy lo
decía todo, pero Selena necesitaba que le confir-
mara con palabras lo que era más que evidente.

—¡Lo has conseguido mi amor, te han elegido
para el papel! —le contestó Mandy mientras cogía
a su hija en brazos, la levantaba del suelo y empezaba a dar vueltas con ella como cuando era más
pequeña—. ¡Lo has conseguido, vas a ser actriz de
cine! ¡Vas a actuar en *Spy Kids*!

—¿Pero es seguro, mamá? ¿No tendré que pasar más audiciones? ¿El papel es del todo mío? —insistió Selena como si temiera despertar de un sueño demasiado bonito.

—Sí, me lo acaba de confirmar el director de *casting*. Me envía el contrato mañana mismo. ¡Quieren verte para las pruebas de vestuario la semana que viene y el rodaje empieza dentro de poco más de un mes! ¡Vas a ir a Hollywood! ¿Te das cuenta mi amor? ¿Te das cuenta de que en esta vida todo es cuestión de perseverar y tener paciencia y que al final todo llega?

Mientras depositaba a su hija en el suelo sin dejar de estrecharla entre sus brazos, Mandy sintió un inmenso alivio. Por fin, se dijo para sí, por fin les habían ofrecido algo interesante. Y es que desde que Selena dejara de actuar en *Barney and Friends* hacía algo más de dos años, Mandy había pensado más de una vez que el hecho de que la hubieran elegido para esa serie en su primer *casting* había sido un golpe de suerte extraordinario, un golpe de suerte que quizá no volvería a repetirse nunca. Pese a ello, no había dejado de hacer todo lo que estuviera en sus manos para poner la suerte de su parte y había llevado a su hija a cuantos *castings* se organizaban en el Estado de Texas. Pero todo lo que había conseguido era que la risueña carita de Selena apareciera en un puñado de anuncios de televisión. Por el momento, viajar hasta Los Ángeles o Nueva York, donde existían muchas más posibilidades de abrirse camino en el mundo del espectáculo y donde se celebraban la mayoría de las audiciones, era una alternativa que no estaba a su alcance.

Pero mientras no llegaba la oportunidad esperada, Mandy había puesto su empeño igualmente en que Selena perfeccionara sus dotes naturales para la interpretación, el canto y el baile, y a tal fin había buscado la mejor escuela de arte dramático de Texas. Así fue como decidió inscribirla en la Cathryn Sullivan's Acting for Film, una academia de interpretación que tenía una excelente fama en todo el Estado para la formación de pequeños actores y en donde también se impartían clases de baile y de canto. Además, en el mundillo de los actores infantiles se daba por seguro que Cathryn Sullivan tenía excelentes contactos en Disney, la mayor fábrica de sueños para estas futuras estrellas. Sin ir más lejos, el hijo de la propia Cathryn, Cody Linley, empezaba a despuntar como actor infantil en varias series y producciones. Por todo ello, pese al coste y esfuerzo que representaba desplazarse diariamente a Lewisville, situado a unos cuantos kilómetros de Grand Prairie, Mandy no dudó en matricular a su hija. Con la madre de Demi Lovato, que también asistía a sus clases, se las habían ingeniado para turnarse para llevar a las niñas.

Pero cuando colgó el teléfono, todos aquellos momentos de duda y preocupación, todos los malabarismos que había tenido que hacer para que Selena pudiera compaginar las clases de interpretación con el colegio y que ella pudiera hacer lo propio con las idas y venidas a Lewisville y su jornada laboral, quedaron de repente atrás, como si no hubieran existido nunca. La elección de Selena para participar en *Spy Kids 3D: Game Over,* la tercera entrega de *Spy Kids,* una saga de acción y ciencia ficción, había llegado en un momento providencial, justo cuando el desánimo parecía empezar a hacer mella en madre e hija.

Las dos anteriores entregas de la trilogía dirigida por Robert Rodriguez y protagonizada por dos hermanos, Carmen y Juni, hijos de espías que lograban salvar al mundo cuando sus padres tenían dificultades, habían cosechado un gran éxito de taquilla, y la última entrega, que se iba a estrenar en 2003 con el atractivo añadido de haber sido filmada en 3D, prometía no ser menos. Selena no tenía un gran papel en la película, donde interpretaba a la «Chica del parque acuático», pero con tan solo 11 años iba a compartir cartel con actores de la categoría de George Clooney, Sylvester Stallone, Antonio Banderas y sobre todo con Salma Hayek, una de las actrices latinas que más admiraba y con quien le unía la misma ascendencia mexicana.

—Mamá, ¿cómo crees que es Salma Hayek en persona? ¿Crees que querrá ser amiga mía? ¡No sabes cuántas ganas tengo de conocerla!

—Pues claro, ¿cómo no va a querer conocer y ser amiga de una niña tan simpática como tú? —le contestó Mandy, sin poder dejar de enternecerse al ver la mirada llena de esperanza de su pequeña—. ¿Sabes qué vamos a hacer ahora? Nos vamos a tomar un buen tazón de chocolate caliente para merendar y celebrar esta maravillosa noticia.

Y mientras rebuscaba entre el armario de la diminuta cocina de su apartamento el cacao en polvo, sacaba la leche de la nevera y la vertía en un cazo, se preguntó si por fin iba a poder tener una cocina como siempre había deseado, espaciosa, de madera clara y con una gran ventana por la que entrara el sol de la mañana cuando desayunaban Selena y ella, se preguntó si por fin iba a poder dejar esos fastidiosos trabajos temporales, si por fin iba a poder darle a su hija todo lo que se merecía, si por fin...

—¡Mamá, mamá, se está saliendo la leche del cazo! —gritó Selena sacando de pronto a su madre de su ensimismamiento—. ¿Es que no lo ves?

—¡Uff, qué desastre! —respondió apurada Mandy mientras recogía con un trapo de cocina la leche derramada—. ¿Ves lo que ocurre cuando no se tienen los pies en la tierra y una está en la luna, Selena?

Y madre e hija se pusieron a reír por la coincidencia entre las dos últimas palabras.

6

Esperando la luna

Los tres niños aparcaron sus bicicletas delante de la verja de la casa de Selena, se sentaron en el balancín situado bajo el porche y sacaron sus bolsas de patatas, sus chuches y los refrescos que habían ido a comprar al pequeño supermercado de Mr. Peterson. La tienda era toda una institución en el barrio, pues era una de las pocas que no habían cerrado sus puertas en este suburbio de Grand Prairie, en el que, como en muchos otros lugares, la gente se había decantado por comprar en las grandes superficies comerciales de la periferia.

Como solían hacer siempre, Selena se había sentado entre sus dos amigos y los tres habían empezado a comer sus chucherías en silencio. Se balanceaban suavemente con los pies en el balancín, disfrutando del placer de estar juntos en esa tarde de finales de verano, hasta que Randy Hill, el mejor amigo de Selena desde la guardería, rompió el silencio y empezó a preguntar con una súbita urgencia:

—Selena, ¿cuéntame cómo es Chuck Norris en persona? ¿Es tan fuerte como parece? ¿Es como un superhéroe, no? ¿Y esas llaves de kárate, parece como que vuela, no...? ¿Es verdad que ha sido campeón mundial de kárate?

—¿Otra vez, Randy? ¡Qué pesado eres, te lo he contado una y otra vez...! —contestó Selena haciéndose la exasperada. Su media sonrisa evidenciaba que estaba encantada de volver a contar su experiencia junto al famoso protagonista de la popular serie *Walker, Texas Ranger*, al que había tenido la suerte de conocer hacía unos meses cuando le dieron un pequeño papel en un telefilm especial sobre la serie.

Tan solo interpretaba a una de las amigas del chico desaparecido y a quien todo el mundo buscaba, pero esos días de rodaje habían sido toda una aventura para ella, pues como todos los niños de su generación había crecido con las aventuras de este famoso defensor de la ley y del orden y le profesaba la misma admiración que Randy. En esa película también compartía cartel con Michael Muso, que se convertiría años después en el conocido Oliver Oken de *Hannah Montana*.

Walker, Texas Ranger era una serie mítica de televisión que había sobrevivido 203 capítulos en la cadena CBS y en la que el heroico protagonista, Chuck Norris, representante de los valores americanos de justicia y rectitud, y que se regía por un código del honor del Lejano Oeste, tenía que hacer frente a una serie de malvados a quienes invariablemente lograba derrotar en solitario gracias a su dominio de las artes marciales. Cuando la serie cesó su emisión en 2001 después de casi ocho años en antena, dejó a una legión de fans desconsolados. Por ello, cuando se grabó la película de televisión *Walker, Texas Ranger: Trial by Fire* en 2004, la expectación generada fue mayúscula.

—Bueno, pues la verdad es que al principio Chuck Norris impresiona un montón, sobre todo por esa voz tan grave que tiene, y esa nuez que va arriba y abajo mientras te mira fijamente a los ojos —volvió a contar una vez más Selena—.

Pero al cabo de unos días, te das cuenta de que no hay motivo para tenerle miedo. ¡Es muy simpático!

—¿Es verdad que al final del rodaje os invitó a todos los niños del equipo a comer a un burguer? —preguntó Lilly, una amiguita que vivía en la casa de al lado de la suya y con la que solía montar en bicicleta.

—Sí, no veas, ¡qué pasada, todo el mundo quería pedirle autógrafos! Pero hubo unos niños que comían en el restaurante que se acordaron también de mí, ¡de cuando actuaba en *Barney and Friends!*

—¡Oh, Selena! —exclamaron los dos niños al unísono con admiración—. Esto no nos lo habías contado, ¡qué pasada! ¿Y te pidieron autógrafos?

—Pues la verdad es que no —confesó Selena encogiéndose de hombros—. Tan solo tenían ojos para Chuck Norris, es normal, ¿no?

—Oye, oye —prosiguió atropelladamente Randy—, vuelve a contarnos cómo se ruedan las secuencias de acción. ¿Es verdad que los puñetazos y las patadas que se dan no son de verdad? ¿Y es cierto que a Chuck Norris no le gusta nada que le doblen en las escenas más peligrosas?

—Oh, Randy, esto ya te lo sabes de memoria —le espetó con un tono súbitamente crispado Selena, para después quedarse cabizbaja, con una evidente expresión de preocupación en su rostro.

Randy y Lilly se miraron de reojo pues sabían sobradamente a qué se debía este repentino cambio de actitud. Esta última se decidió finalmente a preguntarle:

—¿Qué pasa, Selena? ¿Es por lo del *casting* de Disney del mes que viene?

Y como Selena no salía de su repentino mutismo, sus dos amigos se acercaron un poco más a ella en el balancín, como si quisieran transmitirle su apoyo, pues sabían que Selena esperaba con ilusión, pero también con ansiedad, la llegada de lo que podría ser su gran oportunidad. Por vez primera en muchos años, la factoría Disney organizaba un *casting* a nivel nacional con el fin de reclutar a nuevos actores para sus distintas producciones en Disney Channel. La convocatoria del Estado de Texas tendría lugar en Austin, y se esperaba que la afluencia fuera multitudinaria.

A sus doce años, Selena ya tenía la suficiente experiencia como para saber lo ardua que era la

competencia, y aunque había esperado esa convocatoria durante mucho tiempo, la acongojaba que
no la eligieran. Quizás había tenido mucho que
ver su decepción con lo ocurrido recientemente en
Brain Zapped, una serie producida por EGG En-
tertainement y dirigida por Eliud George García,
en la que interpretaba a una de las protagonistas,
Emily Grace García, y para la que había sido elegida entre cientos de candidatos.

Se trataba de un papel hecho a su medida, el
de una jovencísima bibliotecaria que descubre
extraños fenómenos y hologramas en los libros.
Junto con su compañero de aventuras, Kings-
tom, interpretado por Lewis Parry, se transporta
a lugares y tiempos remotos para vivir una serie
de trepidantes peripecias con un montón de espectaculares efectos especiales. Por esta razón la
mayoría de las escenas se habían grabado, para
sorpresa de Selena, delante de una gran pantalla
verde que, a la hora del montaje, se sustituía por
un fondo pregrabado.

Desafortunadamente se trataba tan solo de un
episodio piloto, es decir de un episodio filmado a
modo de prueba y que se presenta en festivales de
televisión con la esperanza de que alguna de las

grandes cadenas de televisión lo compre y financie la producción de los siguientes capítulos. Pero pese a su buena acogida inicial, ninguna cadena se mostró interesada en producir la serie y el proyecto se fue al traste.

Selena tardaría mucho en olvidar la reunión en el despacho del director cuando les comunicó la noticia. Se pasó todo el camino de vuelta en el coche con un nudo en la garganta, sin prestar atención a las palabras de consuelo de su madre. No había querido comer nada en todo el día, ni salir de su habitación, y su madre prefirió dejarle un lapso de tiempo para que digiriese la noticia. Finalmente, a la hora de dormir, Mandy entró en su habitación con un vaso de leche caliente y unas galletas y se puso a hablarle dulcemente:

—Cariño, así es la vida, está llena de alegrías pero también de muchas decepciones. Recibirás golpes y te caerás, pero lo importante no es no caerse, sino aprender a levantarse. Con el paso de los días irá suavizándose tu decepción, imagina que es como un morado que poco a poco irá desapareciendo. ¿Me oyes? —le dijo mientras le cogía la barbilla y la levantaba para que su hija la mirara a los ojos. Solo entonces Selena pudo desahogarse en los brazos de su madre y llorar su decepción. Totalmente sumida en aquellos recuerdos, de pronto Selena oyó la voz de Lilly que le preguntaba:

—Selena, ¿es por el próximo *casting* de Disney en Austin? ¿Todavía le estás dando vueltas a lo que sucedió con *Brain Zapped*?

—En parte sí —asintió por fin Selena—. Estoy empezando a estar harta de presentarme a *castings* y más *castings*, a hacerme ilusiones y al final nada. Me contó el otro día una chica con quien coincidí en una audición en Dallas que a muchos actores infantiles ya no les quieren cuando se hacen adolescentes, porque su cuerpo cambia, su voz también y ya no encajan en ningún papel.

—Pero eso no te ocurrirá a ti, Selena, tú puedes crecer cuanto quieras —le dijo Randy con gran convicción—. Si están todos los chicos del colegio looooocos por ti —añadió poniendo cara de payaso mientras le miraba la camiseta, donde la silueta de sus pequeños pechos evidenciaba que, efectivamente, ya no era ninguna niña.

—¡No seas bobo! —le replicó Selena, dándole una palmada en la cabeza, pero sin ser capaz de seguirle la broma—. ¡Además me fastidia un montón acudir a esas pruebas con cientos de chicas rubias, de ojos claros y mucho más altas que yo! Siempre soy la más morena de todas.

—¿Otra vez con eso? —replicó Randy—. ¿No recuerdas acaso lo que te dijo Salma Hayek cuando la conociste en *Spy Kids?* Que vuestra fuerza estaba precisamente en vuestra diferencia y en vuestros orígenes y que debías sentirte muy orgullosa de tener sangre latina.

—Sí, es verdad, me dijo que el ser distinta era precisamente mi atractivo. Ojalá pudiera volver a verla algún día, volver a escuchar sus consejos.

—Ah, ¿quieres decir que no tienes bastante con nosotros, tus amigos de siempre, sino que necesitas a una superestrella para animarte? Lilly, vayámonos y dejemos a la señorita sola —le dijo con una mueca cómplice Randy mientras fingía sentirse ofendido y miraba de reojo a Selena. Y mientras sus dos amigos hacían ademán de levantarse con disgusto, Selena se puso finalmente reír y les dijo:

—¿Pero dónde vais, pedazos de comediantes? ¿Qué queréis, que me acabe todas las chuches que hemos comprado y que no me cojan por gorda? La culpa será toda vuestra, ¿eh?

Y tras echarse a reír, los tres amigos siguieron balanceándose debajo del porche, saboreando poco a poco sus chuches en silencio, con esa capacidad de estar en compañía sin sentir necesidad de hablar y llenar los vacíos de la conversación que solo se da entre los amigos de infancia.

7

Disney's moon

Me parece que por fin he encontrado algo adecuado para la cita de mañana! Es justo lo que estaba buscando. ¿Qué os parece este conjunto? —les preguntó sofocada Mandy a Selena y a Brian, mientras acababa de abrocharse los botones de la americana y se echaba su larga melena hacia atrás.

Su marido y su hija estaban arrinconados a un lado de la cama sobre la que había ido ganando terreno poco a poco buena parte del guardarropa de Mandy, que esta se había ido probando y lanzando con disgusto encima de la cama. Pese a la aprobación de sus resignados espectadores, nada parecía a su gusto. O era demasiado informal o por el contrario demasiado serio, o estaba pasado de moda o era exageradamente moderno... Una letanía interminable que podía resumir en esa frase que han repetido al menos alguna vez todas las mujeres: «No tengo nada que ponerme.»

—Te queda fantástico... si es que con cualquier cosa estás guapa, Mandy, ya te lo he dicho mil veces —le contestó Brian alzando los hombros.

—No se trata de que a ti te parezca que estoy guapa, cariño, se trata de que cause buena impresión a esos ejecutivos estirados de Los Ángeles y que no me tomen por una provinciana recién salida de un rancho de Texas, ¿es que no lo entiendes? —le replicó Mandy un tanto exasperada.

—Mamá, mamá... —terció Selena—. Estás genial, se te ve elegante pero a la vez sin dejar de ser tú.

—¡Esta es mi niña! —dijo Mandy con una gran sonrisa de alivio—. Era precisamente lo que quería oír. Sí, yo también me siento cómoda, tampoco quiero ir disfrazada de lo que no soy.

A la mañana siguiente, cuando entró en la inmensa recepción del prestigioso bufete de abogados Peter Fitz & Howard UHL de Dallas, donde le esperaban los representantes de Disney Channel para firmar el contrato que sellaría las condiciones de la participación de Selena en la próxima serie estrella de la cadena, pensó que efectivamente había acertado con su americana entallada color antracita y su pantalón negro de corte recto. Tan solo unos minutos después, una secretaria con altísimos tacones y sonrisa afectada la condujo a ella y a su abogado, Jimmy —el marido de una prima hermana que se había ofrecido para asesorarla gratuitamente—, a través de un interminable pasillo. En la sala de juntas acristalada le estaba esperando Mr. Schoenberg, uno de los abogados de Disney al que había conocido en los estudios de Los Ángeles, un hombre de mediana edad, con unos modales tan glaciales como exquisitamente educados. Iba flanqueado por dos jóvenes ejecutivos de bronceado perfecto y trajes chaqueta de los que parecen llevar colgada una etiqueta con muchos ceros. Tras los saludos de rigor y después de que cada cual tomara asiento en torno a la mesa de madera exótica, Schoenberg empezó a dar lectura al contenido del contrato.

Mandy ya había leído detenidamente todos los apartados del ejemplar que le habían mandado días atrás a casa con ayuda de Jimmy. Sin embargo, en aquellos momentos solo resonaba en su cabeza una de las cláusulas que acababa de enunciar el abogado, y que no hacía sino confirmar algo que ella ya sabía desde que Selena había empezado a rodar los primeros episodios piloto de la nueva serie, pero que ante la inminencia de su cumplimiento habían empezado a hacérsele todo un mundo.

Por ello, cuando el abogado se puso a desgranar las cláusulas legales destinadas a proteger a los actores menores de edad —como la limitación de su jornada laboral a cinco horas de lunes a viernes, o las medidas para compatibilizar los estudios con los rodajes—, Mandy se atrevió a interrumpirle, tímidamente, aun a sabiendas de la inutilidad de su propuesta:

—Pero, ¿realmente es necesario que nos vayamos a vivir a Los Ángeles, Mr. Schoenberg? Toda nuestra vida está aquí. ¿No podríamos residir allí solo de forma intermitente, cuando se rueden los capítulos de la serie? ¿Podríamos seguir como hasta ahora, yendo y viniendo de Los Ángeles a Texas?

Como si no dieran crédito a esas palabras, a que ella tuviera reparos en abandonar una localidad perdida en el mapa como era Grand Prairie, para trasladarse a la meca del cine, los dos ejecutivos que acompañaban a Schoenberg intercambiaron discretas miradas de asombro. Se hizo un incómodo silencio, hasta que Schoenberg lo rompió para dirigirse a Mandy, mirándola con cierta condescendencia por encima de sus gafas de carey:

—Pero señora Teefey, eso ya lo hablamos en la primera reunión. ¿No se da usted cuenta de que todo el mundo que quiere ser alguien en el *show business* tiene que estar en el corazón de la industria? Los Ángeles es una ciudad fascinante, nosotros velaremos para que no les falte de nada, y ya verá cómo su hija y usted se adaptan enseguida.

—Sí, ya lo sé —acertó a replicar Mandy, algo confundida por su atrevimiento y por las contradicciones que en ese momento la agitaban internamente. Se esforzó por recobrar un tono más firme y añadió:

—Sí, Selena y yo tenemos mucha ilusión por empezar esta nueva etapa, para nosotras es un verdadero sueño hecho realidad. Pero entienda que no es fácil, mi hija tiene a toda su familia en Texas, será un cambio muy radical para una niña de su edad, está en plena adolescencia y ya se sabe que...

—No se preocupe, Mandy... Puedo llamarla por su nombre de pila, ¿verdad? —intentó tranquilizarla Schoenberg, aunque la crispación de su rostro delataba impaciencia—. Los niños son como esponjas y se adaptan enseguida. ¿Qué les parece si proseguimos con la lectura del contrato? Estábamos en el punto cuatro, apartado segundo.

Pese a los años que Schoenberg llevaba representando los intereses de Disney, jamás había logrado acostumbrarse a las reticencias de algunos padres de trasladarse de forma definitiva a Los Ángeles, algo que él interpretaba como una incongruencia, pues se trataba generalmente de familias que habían invertido muchos esfuerzos e ilusiones para que sus hijos consiguieran un contrato en la gran fábrica de sueños que era Disney. ¿Qué pretendían? ¿Que la producción se desplazara a la ciudad natal de cada uno de ellos?

Cuando Disney apostaba por un nuevo rostro, dejaba bien claro a los padres que necesitaba que la familia colaborara estrechamente y entendiera que el haber sido elegido significaba un cambio radical, no solo para el niño, sino para toda su familia. A partir de entonces, todos ellos, de forma directa o indirecta, empezaban a formar parte del gran engranaje de la industria del entretenimiento y del *merchandising* asociado, que movía millones de dólares en todo el mundo.

Pero por mucho que Mandy intentara concentrarse en la lectura del contrato, no podía dejar de pensar en Brian (con quien acababa de casarse y del que se vería obligada a separarse temporalmente), en su familia, en Selena, en todo su entorno tan familiar y reconfortante. A partir del preciso instante en que firmara el contrato que tenía delante, Grand Prairie y todo lo que entrañaba empezaría a quedarse irremediablemente atrás.

El contrato era el final de un camino que madre e hija habían empezado a recorrer justo dos años antes, cuando Selena había acudido al *casting* organizado por Disney en Austin para todos los candidatos residentes en el Estado de Texas. Recordaba perfectamente las cuatro horas de trayecto en coche por el monótono paisaje semiárido que bordeaba la autopista, la tensión de aquel viaje en el que las dos habían permanecido muy calladas, como si sobraran las palabras, pues eran muy conscientes de lo mucho que estaba en juego.

En efecto, en aquel momento, aunque Selena había obtenido algunos pequeños papeles en películas de gran presupuesto como *Spy Kids*, su carrera parecía algo estancada, como si estuviera en un compás de espera, al ritmo de su transformación de niña a adolescente. Conseguir ser seleccionada en aquel *casting* podía significar tanto como seguir adelante con su sueño de ser actriz o no. Disney era además una plataforma de lanzamiento que podría encaminar su carrera en la etapa adulta, no solo en televisión, sino también en el cine o en el mundo de la música. Allí estaban para demostrarlo grandes estrellas como Christina Aguilera, Miley Cyrus o Justin Timberlake, quienes habían dado sus primeros pasos en el mundo del espectáculo en un *show* de la cadena.

Afortunadamente, los astros estuvieron de su parte aquel día y Selena, como quien después de haber pasado muchos nervios, cuando llega el momento tan temido y esperado tiene la sensación de que la suerte ya está echada, se comportó con una serenidad sorprendente. Vestida con un gracioso poncho lila, una coleta baja recogida de la que salían unos mechones alborotados, cautivó desde el primer minuto a los organizadores del *casting*, a cuyas preguntas respondió con la naturalidad y el desparpajo que la caracterizaban, con esa sonrisa irresistible realzada por sus hoyuelos en las mejillas.

Cierto es que Selena venía avalada por su experiencia en la serie de *Barney and Friends*, y que sabía memorizar los guiones con facilidad, actuar, bailar y cantar, pero no fue eso lo que hizo que resultara seleccionada entre cientos de niños. No, lo que había hecho que se fijaran en ella fue, como suele decir la gente del medio, que Selena tenía el llamado *It Factor* o Factor X, ese elemento indefinible, inaprensible, que hace que algunas personas tengan magia delante de las cámaras y otras no, aunque estén mucho mejor preparadas que las primeras, o aunque sean mucho más agraciadas físicamente.

A partir de este *casting* en Austin, todo había ido muy rápido. A la semana siguiente, madre e hija se encontraban tomando un vuelo a Los Ángeles, donde les esperaba una cita con una representación de la cúpula de Disney, entre la que figuraba Gary March, director creativo de Disney Channel Worldwide, quien confirmó la intuición de los organizadores de la audición de Austin. Selena era un auténtico diamante en bruto que merecía entrar en esa selecta lista de jóvenes actores que aportarían caras nuevas a sus producciones. Iban a apostar por ella.

Y la primera apuesta fue un papel protagonista en el episodio piloto de *What's Stevie Thinking*, una secuela de la famosa serie *Lizzie McGuire*, que podría convertirla ni más ni menos que en la sucesora de Hilary Duff.

Este proyecto entusiasmó a Selena, no solo porque había sido una gran seguidora de *Lizzie McGuire*, sino porque presentaba para ella el aliciente añadido de ser la primera serie enteramente protagonizada por una familia de origen latino. Pero como ocurre lamentablemente con muchos de los proyectos piloto que suman la ilusión y el esfuerzo de infinidad de profesionales, la serie no superó la prueba de la audiencia y el proyecto fue descartado.

Pero Disney, decidido a lanzar la carrera de Selena, produjo una serie piloto diseñada a su medida que sí obtuvo la aprobación del público, *Wizards of Waverly Place**, centrada en la vida de una familia italo-mexicana con hijos adolescentes dotados de sorprendentes poderes mágicos. Selena interpretaría a Alex, la única chica de la familia, un

---

* En castellano, la serie se emite con el nombre de *Los Magos de Waverly Place*.

papel que acabaría marcando un antes y un después en su vida.

—Señora Teefey, ¿le parece que procedamos de una vez a la firma del contrato? —le tuvo que repetir varias veces Schoenberg pues Mandy parecía totalmente absorta en sus pensamientos—. Mandy, tengo que coger un vuelo a primerísima hora de la tarde y no puedo perder más tiempo —la apremió con impaciencia.

—Sí, perdone, estaba en la luna ¿dónde tengo que firmar?

8

Bajo la luna de California

Cuando Ronny, el *personal assistant* del director de *casting* de Disney Channel que les había ido a recoger al aeropuerto de Los Ángeles, les abrió la puerta del lujoso *loft* del centro de la ciudad que a partir de ahora iba a ser su hogar, madre e hija se quedaron boquiabiertas y con una expresión de admiración que no se atrevieron a verbalizar. La brillante luz californiana de esa tarde de primavera entraba a raudales por las enormes vidrieras de un espacio diáfano, en el que unas puertas correderas estratégicamente colocadas permitían redistribuir el espacio a voluntad.

Los estudios habían alquilado para su joven

promesa y su familia esta vivienda ubicada en un antiguo edificio industrial recién acondicionado en *loft* de lujo y no habían reparado en gastos para decorar la vivienda al gusto de sus futuras ocupantes. El blanco dominante de la vivienda había sido combinado con infinitos tonos anaranjados y verdes, que le daban un aire alegre y muy juvenil.

—Mamá, mamá —exclamó Selena tras correr hasta el fondo de la estancia y descubrir el gran cuarto de baño situado detrás de una pared corredera que hacía las veces de vestidor—. ¡Mamá, ven a ver la bañera, parece una piscina! ¡Y el plato de ducha es como para cinco personas!

Mandy, más cauta y, sobre todo cohibida por la mirada de Ronny posada sobre ella, iba recorriendo lentamente la vivienda, impresionada por la calidad de los acabados, por la ultrasofisticada cocina en la que los electrodomésticos habían sido panelados con madera clara para fundirse con el resto de la estancia, pero sin dejar traslucir una admiración excesiva, que hubiera revelado que no era más que una joven que apenas había salido de su pequeña ciudad natal de Texas.

—Selena, no es una piscina, esto se llama un *jacuzzi* —le contestó riendo a su hija—. ¡Ya verás, qué baño de espuma te vas a tomar con agua caliente burbujeante!

De pronto, cuidadosamente alineadas en una de las paredes, Mandy descubrió las cajas de la mudanza con los enseres y efectos que habían viajado desde Grand Prairie. Recordó aquel fin de semana en el que había empezado a meter con nerviosismo todo lo que pensó que iban a necesitar en su nueva etapa y que ayudaría a que Selena se sintiera como en casa. El abogado de Disney, Mr. Schoenberg les había comunicado que tenían que trasladarse en menos de dos semanas a Los Ángeles para empezar el rodaje de una serie diseñada a medida para Selena. Colocadas contra estas paredes tan distintas a las de su casa, sintió una sensación muy extraña al leer lo que ella misma había escrito sobre las cajas en rotulador negro: «patines y rodilleras», «álbumes de fotos», «ropa de verano», «consola y videojuegos», «CD's Mandy», «zapatos»... unas palabras escritas apresuradamente que parecían de pronto como retazos de una vida familiar lejana y muy añorada.

—Mamá, ¿has visto esto? ¡Hay una pantalla gigante enrollada en esta pared para ver las películas! —exclamó entusiasmada Selena, abriendo los ojos como platos ante cada una de las maravillas que iba descubriendo—. ¡Es igual a la que tiene el padre de mi amiga Jenny! ¡Es casi como ver las películas en un pequeño cine!

La voz de su hija la sacó de su ensimismamiento y se dejó contagiar por su entusiasmo. Acostumbradas a vivir en una casa de alquiler de 90 metros cuadrados distribuidos en dos plantas y con un montón de reformas pendientes y nunca realizadas, ese *loft* de altísimas paredes con olor a madera nueva y pintura fresca era un verdadero lujo para ellas.

—Señora Teefey —les interrumpió de repente Ronny—. Me voy a marchar ahora para dejarles que se instalen con toda comodidad. Deben de estar muy cansadas después de un viaje tan largo. En la nevera encontrarán todo lo que necesitan para esta primera noche, pero si no le apetece cocinar, les he dejado sobre la barra de la cocina unos teléfonos para pedir pizzas o comida china o japonesa.

—Oh, gracias, está usted en todo —le respondió Mandy algo turbada por tantas atenciones.

—Recuerde que mañana vendré a por ustedes a las 9 en punto. Tenemos sesión con el estilista para acabar de definir el *look* de Selena y después tenemos cita a las 11.30 en los estudios para acabar de cerrar todos los detalles sobre su participación como estrella invitada en el *show* de *Hannah Montana* y de *Lizzie McGuire,* tal como hablamos. En tan solo dos semanas empieza la filmación de *Wizards of Waverly Place* y nos tenemos que concentrar seriamente en los actos de promoción de la serie, cuyo primer episodio, como saben, empezará a emitirse en octubre. Bueno, ahora no quiero agobiarlas, están muy cansadas. Acabaremos de cerrar la agenda a principios de esta semana. Necesito que descansen. No hace falta que me acompañe a la puerta, Mandy, conozco la casa mejor que ustedes —les dijo con un guiño—. ¡*Bye, bye*, chicas, hasta mañana!

Cuando Ronny cerró la puerta detrás de él, de repente el *loft* pareció más grande de lo que era y Mandy tuvo que hacer acopio de todas sus fuerzas para no dejarse llevar por la añoranza de su casa, de su marido, de sus perros y, sobre todo, para no transmitir sus dudas y su tristeza a su hija. En esos momentos hasta se alegró de que les tuvieran preparada una agenda tan cargada, pues así no tendrían tiempo para añorarse más de la cuenta y por la noche caerían rendidas de sueño. Fingiendo una energía que la iba abandonando por momentos, dijo:

—¿Selena, tienes hambre? ¿Te apetece que cenemos ya?

Y como no la encontraba donde la había dejado unos minutos antes, fue hasta la otra punta del *loft*, donde la descubrió sentada al borde de la cama de matrimonio que le había sido reservada, cabizbaja, mirando fijamente sus zapatillas Converse. Sin levantar la cabeza, contestó:

—Pues no tengo mucha hambre, la verdad, mamá; creo que no me ha acabado de sentar bien la comida del avión.

—Voy a ir a ver qué hay en la nevera. A ver qué encontramos por aquí... —Y empezó a enumerar casi a voz en grito, para que su hija la oyera, toda la comida que les había comprado—. Hum, pasta fresca, pesto artesanal, unas pizzas, chocolates varios, diversos zumos de frutas exóticas, refrescos, crema de cacahuetes, leche, cereales.... uff, han pensado en todo, cariño, incluso tenemos pan de sésamo...

Y mientras seguía hablando, sintió de pronto la presencia de su hija detrás de ella y, al darse la vuelta, la encontró con una expresión profundamente seria que la alarmó.

—Mamá, ¿cómo es posible que cuando te ocurren cosas buenas, cuando por fin alcanzas un sueño por el que llevas tanto tiempo luchando, te sientas al mismo tiempo un poco rara, como si este no fuera tu lugar...? —le preguntó mirándole fijamente a los ojos—. Llevamos dos años esperando que por fin me den un papel en una serie que supere el episodio piloto y ahora que todo esto ha llegado por fin... no lo sé...

—¿Rara? ¿Por qué, cariño, qué te ocurre? —replicó Mandy, como si no supiera ya de sobras lo que pasaba por la cabeza de su hija.

—Añoro mucho a los abuelos, a los primos, aquí no voy a conocer a nadie, todos mis amigos son del colegio o del barrio. Si por lo menos a Demi la hubieran seleccionado también los de Disney, estaríamos otra vez juntas y todo sería mucho más fácil, como cuando actuábamos en *Barney and Friends* y nos teníamos la una a la otra para ayudarnos en cualquier problema que surgiera durante el rodaje, para contárnoslo todo.

—Lo sé preciosa, lo sé, es muy normal que te sientas así. Hemos dejado muchas cosas atrás, pero con los aviones no hay distancias que valgan. ¿Sabes? En cuanto quieras, nos cogemos un avión y vamos a casa de la abuela para que nos prepare uno de esos platos de pasta como solo ella sabe hacerlo, ¿vale? Además, en cuanto pueda, Brian vendrá a instalarse aquí, buscaremos una casa con jardín donde podamos traer a los perros y todo volverá a ser como antes. Te lo prometo.

—Vale —contestó Selena, aparentemente aliviada por la posibilidad de coger un vuelo en cuanto se le hiciera muy cuesta arriba su nueva vida en Los Ángeles, al tiempo que ilusionada ante la perspectiva de poder volver a tener a sus cuatro perros junto a ella.

—Además —añadió su madre con una mirada cómplice—, ¿acaso ahora no vas a ser una maga muy famosa? ¡Con solo unos cuantos trucos, conseguirás todo lo que quieras!

—Vaya ocurrencias... —le contestó Selena—. Pero ya que me tratas como una niña pequeña quiero pedirte una cosa.

—¿Qué? —le preguntó intrigada Mandy.

—Pues que me dejes dormir esta noche contigo, vaaa, mami, solo hoy, como cuando era pequeña y tenía pesadillas —le rogó Mandy de un modo tal que era imposible que su madre se lo negara.

Aquella primera noche con sabor agridulce en la ciudad de Los Ángeles, madre e hija durmieron muy juntas en la inmensa cama de matrimonio. No quisieron bajar las persianas eléctricas de las vidrieras para sentirse menos perdidas en esa vivienda ajena, por lo que los neones de un hotel cercano y el alumbrado de la ciudad se colaron por todo el *loft*, eclipsando la luz de la luna que, esa noche, brillaba serena en el cielo de California.

Con su madre, Mandy Cornett, la mujer más importante de su vida.

Con Zach Effron.

Con Shakira rodando un episodio de *Los Magos de Waverly Place*.

Con Taylor Swift en el Madison Square Garden.

En la cubierta de la revista *Billboard*.

Fotografía para la promoción de su segundo álbum, *A Year Without Rain*, 2010.

Selena Gomez and The Scene en la entrega del People's Choice Awards.

Selena y su grupo tocan en la entrega de los MTV Europe Music Awards en Belfast.

En la película *Monte Carlo*.

Durante el rodaje de *Spring Breakers*.

La figura de una campaña publicitaria.

Selena y Justin posan con sus fans más jóvenes.

Selena y Justin en el museo de cera Madame Tussaud de Nueva York.

Como dos adolescentes normales, Selena y Justin pasean por las calles de Los Angeles.

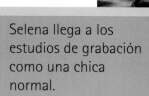

Selena llega a los estudios de grabación como una chica normal.

Selena recibe un disco de oro en México.

De concierto en Montevideo, Uruguay.

Guapísima Selena en la fiesta de *Vanity Fair*, 2012.

9

Hechizo de luna

Ya está, Selena, ¡ya hemos acabado por hoy! ¡Y no pongas esa cara de agobio como todos los días! ¡No me digas que no ha valido la pena! ¡Mírate, mírate lo guapa que estás! —le dijo con aire satisfecho Jennifer, la peluquera de los estudios que se encargaba de lavar y alisar la larga melena de Selena antes de las grabaciones.

Selena se levantó del sillón de peluquería y con una mueca de fastidio se miró al espejo y agitó su preciosa melena azabache, que recién alisada lucía todavía más brillante. Para el episodio de ese día, el estilista había decidido ponerle unas cuantas extensiones en blanco, que le daban un gracioso toque de brujita contemporánea. Por fin, una sonrisa iluminó su rostro cuando le dijo a su peluquera:

—Sí, Jennifer, ha quedado genial, eres la mejor. Pero ya sabes que estas sesiones de peluquería se me hacen eternas. A mí lo que me gusta es actuar y no tener que quedarme tanto tiempo sentada mientras me maquillan y me alisan el pelo. ¿Por qué no puedo salir con la coleta alta que me hago todos los días y sin tanto maquillaje? ¡A mí me encanta! Es mucho más *cool*...

—No te quejes tanto —le interrumpió con una sonrisa Jennifer—, que mientras te arreglan también te da tiempo a dar un último repaso al guion y luego bien contenta que estás de salir así de guapa en la serie. Es una pequeña tortura, pero ya sabes, para estar guapa...

—Hay que sufrir —completó la frase Selena alzando los hombros.

Así solían concluir todas las conversaciones con Jennifer cuando Selena se impacientaba por las interminables sesiones de maquillaje y peluquería. Esta ya era su tercera temporada en la serie *Wizards of Waverly Place*, y pese a todos los capítulos que llevaba a sus espaldas, no había conseguido acostumbrarse a las dos horas de sesión de maquillaje y peluquería que requería cada una de las grabaciones de un nuevo episodio. Pero lo cierto era que, a excepción de ese pequeño inconveniente, su participación en esta *sitcom* desde 2007 había sido un auténtico sueño hecho realidad y las instalaciones del Hollywood Center Studios donde se grababa la serie se habían convertido en un segundo hogar para ella.

—Selena —le llamó Bob, el regidor, asomando la cabeza por el camerino con su inseparable carpeta con folios grapados en las manos—, date prisa bonita, te están esperando en vestuario, salimos al aire dentro de 50 minutos.

—Está bien, allá voy —respondió Selena mientras recogía a toda prisa el guion, su reproductor de música y su enorme bolso de lona que la acompañaba a todas partes.

Por suerte para Selena, el *look* desenfadado y moderno de Alex Russo, el personaje que interpretaba en la serie, era muy parecido al suyo, pues en la vida real también solía ir vestida como ella con tejanos o pantalones ajustados, amplias camisetas de colores vivos o estampados originales y sus inseparables Converse, sus zapatillas de deporte preferidas, de las que tenía una auténtica colección.

A diferencia de muchas chicas de su edad, Selena no era nada aficionada a vestirse de mujercita, con tacones altos y vestidos sofisticados, algo que sin embargo tenía que hacer resignada cuando le tocaba acudir a algún evento, como cuando tuvo que asistir al estreno de la película basada en la serie, *Wizards of Waverly Place*: *The Movie* y atravesar una alfombra roja que se le hizo inacabable. Pero su peor recuerdo fue cuando acudió a recoger el premio Teen Choice Award como mejor actriz de televisión de 2009 en el Gibson Amphitheatre, con un precioso vestido asimétrico corto de color lila de Baby Phat y unos altísimos zapatos plateados que le estuvieron torturando a lo largo de toda la noche.

En realidad, no solo el *look* de Alex era muy similar al de Selena sino que el personaje le permitía desarrollar todo su potencial interpretativo y su don para la comedia. Alex, al igual que Selena, pertenecía a una familia de origen italo-mexicano, y era sumamente extravertida y divertida. La acción tenía por marco el popular barrio de Greenwich Village, en Nueva York, donde vivía la familia Russo, propietaria de una sandwichería. El matrimonio compuesto por Theresa (interpretada por Maria Canals-Barrera), de origen mexicano, y

Jerry, un italo-americano (interpretado por David DeLuise), tenía tres hijos: Justin, el mayor (interpretado por David Henrie), Alex, la única niña de la familia, y el pequeño, Max (interpretado por Jake T. Austin).

Hasta aquí podría haberse tratado de una familia normal, como las hay miles en Nueva York, pero todos ellos escondían un increíble secreto: los tres hijos tenían poderes mágicos, algo que heredaban generación tras generación todos los miembros de la familia Russo, pero que en su mayoría perdían al llegar a la edad adulta, tal como le había ocurrido a Jerry, el padre. Eso significaba que, en cada generación, tan solo uno de los hermanos conservaría su magia y se convertiría en el nuevo hechicero.

A medio camino entre dos mundos, el de los simples mortales y el universo de la magia, los tres hermanos se ven obligados a ocultar sus poderes cuando actúan en la vida diaria, pero no renuncian sin embargo a utilizarlos cada dos por tres, lo que da pie a situaciones de lo más divertidas e inverosímiles. De los tres hermanos, Alex es la más rebelde y alocada, por lo que siempre suele andar metida en algún lío, del que intenta zafarse gracias a sus dotes mágicas, aunque con ello apenas consigue normalmente complicar aún más las cosas, lo que desemboca en situaciones hilarantes.

Y es precisamente esa mezcla insólita que entremezcla la vida real y la magia en clave de comedia, protagonizada por una familia con adolescentes con problemas y situaciones muy cotidianas, lo que hizo que desde su primera emisión, el 12 de octubre de 2007, que contó con una audiencia de seis millones de espectadores, la serie se convirtiera en uno de los mayores éxitos de Disney Channel y se vendiera en todo el mundo.

—Selena, al plató, salimos al aire en 5 minutos —le llamó nuevamente Bob mientras las asistentas de vestuario acababan de colocarle unas divertidas chapas en la camiseta color fucsia que habían elegido para ella ese día.

—Gracias chicas, ya estoy bien así, no me pongáis más chapas —les dijo a las dos estilistas para después salir corriendo por el pasillo que lleva al plató y tomar su sitio en el set de rodaje que recreaba la cocina de la familia, donde, según el guion de esa semana, iban a preparar una comida especial aderezada con toques de magia.

Cada programa semanal se grababa en directo,

y era una auténtico placer para Selena ver cómo el público respondía y se reía a carcajadas con los *sketches* que habían estado preparando a conciencia durante días. Era en esos momentos, incluso antes de ver los resultados de la audiencia, cuando todo su trabajo cobraba verdaderamente sentido. Del mismo modo, al final de cada episodio, el público solía dedicarles un aplauso tan prolongado que los actores tenían que volver a salir varias veces para saludar, como si se tratara de los bises de una obra de teatro.

Desde hacía tres años, cada día después del rodaje Selena se reunía con sus dos hermanos televisivos, David Henrie y Jake T. Austin, en una zona que les habían acondicionado para que recibieran las clases del tutor; esta zona se había convertido para ellos en una especie de segundo hogar. Allí guardaban sus ordenadores, su música, colgaban los pósters de sus estrellas favoritas, estudiaban y hacían los deberes. En efecto, tal como marcaba la ley, no podían trabajar más de cinco horas y debían recibir una escolarización personalizada para que no perdieran el ritmo de los estudios reglados. Allí, sentados en unos cómodos sofás donde más de una vez habían echado una cabezadita, los tres amigos comentaban los pormenores del rodaje.

—David, casi me parto de risa cuando empiezas a moverte como una lombriz después de haberte comido las guindillas picantes —le dijo Jake imitando los movimientos de su amigo—. ¡Parecía que estuvieras bailando una samba, jajajaaaaa!

—Sí, fue buenísimo, yo intenté concentrarme en mi réplica para no perder el hilo y no ponerme a reír también. ¡Estabas tan gracioso! —coincidió en decir Selena.

—¡Qué risa, sí! —asintió David—. Pero es que yo no tengo ni idea de cómo te sientes cuando te tragas un montón de guindillas picantes, ¡ya sabéis que no me gusta nada la comida mexicana!

Y los tres amigos empezaron a reírse de buena gana y a seguir gastándose bromas inocentes en el sofá donde habían compartido tantísimas horas. Desde el primer momento en que empezaron a trabajar juntos, había surgido entre ellos una química y una complicidad increíbles, que no había hecho sino afianzarse cada vez más a lo largo de los casi tres años de rodaje. Sin duda, esa química traspasaba la pantalla y había contribuido al éxito de la serie.

David le llevaba tres años a Selena y esta a su vez era dos años mayor que Jake, pero esta diferencia de edad no había sido ningún obstáculo para que naciera entre ellos una amistad tan estrecha que Selena se refería siempre a sus compañeros de reparto como a sus «hermanos». Había declarado en múltiples ocasiones que, al ser hija única, con ellos había podido experimentar lo que significa ser la mediana en una familia de tres hermanos.

—¿Por qué no os venís los dos a hacer *surf* conmigo este fin de semana a mi casa de la playa? —les preguntó Jake.

—Genial tío, espero que mi vieja no me ponga ninguna pega. ¡La última vez que estuvimos fue una pasada! —exclamó entusiasmado David.

—A mí también me encantaría —le contestó Selena—. Pero este fin de semana me toca ensayo con los chicos de The Scene. Ya sabéis, tenemos que acabar de grabar los últimos títulos de *Kiss & Tell,* ¡nuestro primer álbum!

—Bueno, pues nosotros dos disfrutaremos de las superolas de Santa Mónica mientras tú estás encerrada en ese maldito estudio de grabación —le contestó Jake para chincharla.

—Pobrecita, tu vida es verdaderamente la de una moderna Cenicienta, siempre trabajando mientras los otros se divierten —le siguió la broma David.

Llamarla Cenicienta se había convertido en una de sus bromas preferidas desde que Selena protagonizara en 2008 *Another Cinderella Story,** una comedia romántica que recreaba el clásico cuento infantil situándolo en la época actual y convirtiendo a la protagonista en una estudiante de instituto que sueña con convertirse en bailarina profesional. La película, lanzada en DVD y producida por Warner Premiere, había conseguido aprovechar el tirón del éxito de la primera entrega, *A Cinderella Story*, protagonizada por Hilary Duff.

—¿Te crees muy gracioso, verdad? —le contestó Selena empezando a hacerle cosquillas a Jake, que empezó a retorcerse.

Y así, entre risas y bromas, llegó la hora de que viniera a recogerles el chófer de los estudios y les llevara a cada uno a sus respectivas casas, donde ya

* En castellano, la película se estrenó con el título de *La Cenicienta Moderna, 2*.

no eran los populares Alex, Justin y Max, las ruti-
lantes estrellas de Disney Channel con miles de
fans y seguidores en todo el mundo, sino tan solo
Selena, David y Jake, unos adolescentes como tantos otros.

10

Cantando a la luz de la luna

$\mathcal{S}$iempre he pensado que si algún día llegaba a tener una banda la llamaría The Scene. ¿Qué hay de malo en este nombre? —le preguntó Selena a Mandy mientras se tomaban una taza de té en la cocina de su lujosa casa de Los Ángeles.

—No tiene nada de malo, en absoluto, pero también es totalmente normal que los de Hollywood Records, que como bien sabes, pertenece a Disney, deseen aprovechar el tirón de tu personaje en *Wizards of Waverly Place* y prefieran llamaros Selena Gomez & The Scene. ¿Acaso crees que te hubieran propuesto formar una banda si no hubieras tenido tanto éxito con la serie?

Selena, con un codo apoyado sobre la mesa y la cara recostada sobre la mano, escuchaba con aire algo distraído a su madre, como si esta se dispusiera a lanzarle un sermón que se sabía de memoria.

—Debes mantener los pies en el suelo, Selena —prosiguió Mandy—. Ya te lo he dicho miles de veces, debes recordar de dónde venimos y que sin Disney no estaríamos donde estamos ahora —añadió Mandy, recorriendo con la mirada la amplia cocina cuyos ventanales daban al jardín con piscina situado en la parte trasera de la casa.

—Tienes razón mamá, como siempre —asintió con un suspiro Selena—. Después de todo, Selena Gomez & The Scene mola bastante. Lo único es que me daba miedo que quedara un poco pretencioso, ¿sabes?

—¿Pero por qué pretencioso? —preguntó su madre—. Eres una estrella, cariño, tienes una legión de fans por todo el país y también en el extranjero...

—Sí, pero no me gustaría que mis fans y la gente que me sigue crean que me han dado esta oportunidad solo porque soy una cara conocida, porque todo el mundo me conoce como Alex Russo —le interrumpió Selena—. Siempre he cantado, desde que empecé en *Barney and Friends* he cantado, he cantado para un montón de bandas sonoras, la de *Cruella de Vil*, de *Another Cinderella Story*... Yo no creo que sea solo por mi fama en Disney Channel sino porque han visto en mí cualidades como cantante. ¡Llevo años recibiendo clases de canto, de percusión y de guitarra eléctrica! —prosiguió con vehemencia Selena, como si necesitara justificarse ante su madre.

—Pues claro, cariño —le dijo Mandy acariciándole la mejilla—. Yo no he pretendido nunca decir lo contrario. ¡Si cantas desde que eras muy pequeña! ¿Recuerdas cómo te sabías todas las canciones de Selena Quintanilla cuando vivíamos en Grand Prairie?

—Sí —asintió Selena con una sonrisa llena de nostalgia—. ¿Cómo era aquello de...? «*Amor prohibido murmuran por las calles porque somos de distintas sociedades, amor prohibido nos dice todo el mundo*» —empezó a entonar Selena en un castellano con un ligero acento americano—. «*El dinero no importa en ti y en mí, ni en el corazón oh, oh baby...*» —prosiguió Mandy. Ambas se rieron con complicidad.

Selena Quintanilla, la cantante estadounidense

de origen mexicano, prematuramente desaparecida a la edad de 23 años cuando fue brutalmente asesinada por la presidenta de su club de fans, se había convertido en todo un mito para la comunidad latina de Estados Unidos, que la consideraba la reina del Tex Mex. El padre de Selena, Ricardo, sentía auténtica devoción por la cantante, un sentimiento que le había transmitido desde pequeña a su hija. Y aunque al crecer Selena empezó a ser fan de otras cantantes como Avril Lavine o *Shania Twain*, siempre había confesado su admiración por Selena Quintanilla, a quien consideraba un orgullo para todos los estadounidenses con sangre mexicana.

—Jo, mamá, no sabes cómo añoro Grand Prairie, los primos, la abuela... No sé qué daría por poder ir al cine Verizon esta misma tarde y comerme una bolsita de pepinillos, y después poder volver tranquilamente a casa dando un paseo...

—Ya lo sé, ya lo sé —le dijo su madre cogiéndole la mano y dejándose llevar ella también un momento por la nostalgia—. ¡Pero no nos pongamos melancólicas! Ahora tienes otra gran oportunidad, como es formar una banda de *pop rock*, tal como habías deseado siempre. A excepción del nombre, Hollywood Records ha accedido a todas tus peticiones y eso es un gran lujo. Cuando finalice la grabación de *Kiss & Tell* nos cogemos una semanita y nos vamos con Brian a pasar unos días a Texas.

Sin duda Selena era la niña mimada de Disney y la productora había diseñado para ella un proyecto musical a su medida, consciente de sus cualidades como vocalista. Cuando empezaron a barajar las distintas posibilidades de enfocar su carrera como cantante, se entrevistaron largamente con ella y descubrieron que tenía una idea sorprendentemente meditada de cómo quería subirse a un escenario.

Su referente siempre había sido Paramode, un grupo de *pop punk* y *pop emo* procedente de Tennessee en el que la vocalista, Hayley Williams, iba acompañada de un bajista y un guitarrista. Al igual que ocurría con su carrera como actriz, Selena tenía muy claro que no quería quedarse estereotipada en el papel de la voz de las bandas sonoras de Walt Disney Records sino que quería ofrecer una imagen más cañera, más rebelde, y ser la vocalista de una banda formada por chicos con influencias *dance* y también *punk*. No quería que la consideraran únicamente como una eterna estrella de Disney, lo que le había llevado incluso a renunciar a participar en *High School Musical 3*.

A partir de las preferencias que Selena les transmitió, empezaron a dar forma al proyecto musical y organizaron audiciones para encontrar a los músicos que deberían acompañar a la vocalista. Tras un largo proceso de selección, resultaron elegidos tres jovencísimos músicos: Joey Clement, al bajo, Greg Garman, a la batería, y Dane Forrest al teclado. La discográfica ya tenía todo dispuesto para empezar la grabación del primer álbum, *Kiss & Tell*, con claras influencias del electro-rock y del *punk-rock*, y había diseñado una campaña de promoción en todas las cadenas de radio y televisión de ámbito estatal para dos de los sencillos, *Falling Down* y *Naturally*.

—¿Sabes qué es lo que más me atrae de cantar, mamá? Es que cuando estás en el estudio de grabación puedes ser más tú que nunca, no tienes que seguir un guion, puedes dar rienda suelta a tus sentimientos, expresar todo lo que sientes en esos momentos, sin preocuparte por nada, ni por el aspecto que tienes —empezó a contar Selena con la mirada llena de energía—. Y además de eso, luego está la posibilidad de actuar en directo. Tengo unas ganas locas de subirme a un escenario y darlo todo por mis fans...

—Señora Teefey —les interrumpió Samantha, la secretaria que habían contratado para July Moon Production, la pequeña productora que Selena y su madre habían creado recientemente para poder comprar guiones y adquirir los derechos de los libros que pudieran llevar a la pantalla y que, posteriormente, se fusionaría con XYZ Films—. ¿Podemos hablar un momento?

—Por supuesto, siéntate con nosotras a tomar una taza de té —le contestó Mandy—. ¿De qué se trata Samantha?

—Ha vuelto a llamar la periodista de *Girls' Life Magazine*, la de *Teen* y de *Latina Magazine*. Llevan toda la semana con el mismo tema.

—¿Y qué les has dicho? —le preguntó Mandy.

—Pues lo acordado, que no íbamos a hacer ninguna declaración sobre la vida privada de Selena, que ni confirmábamos ni desmentíamos la relación —le contestó rotundamente.

La culpa de todas esas llamadas y del revuelo que se había formado entre la prensa y sus fans la tenían una fotos publicadas por la revista *Rolling*

Stones en las que Selena aparecía en compañía de Nick Jonas, el pequeño de la banda Jonas Brothers y en las que, como suele decirse en estos medios, se les veía en «actitud cariñosa». Para añadir más morbo al asunto, Jonas había sido anteriormente pareja de Miley Cyrus, con quien la prensa se había empecinado en enemistar a Selena desde que fue seleccionada por Disney en 2004 y empezaran a promocionarla como la sustituta de la protagonista de *Hannah Montana*. Asimismo, también se había rumoreado que otro de los Jonas Brothers, Joe, estaba saliendo con Demi Lovato, a quien había conocido durante el rodaje de *Camp Rock*.

A Selena, este tipo de especulaciones sobre su vida privada siempre la sacaban de quicio. No le había importado revelar que llevaba un anillo de castidad desde los 12 años, un regalo que le hizo su padre, a petición suya. Al igual que numerosas de las estrellas adolescentes de Disney, Selena lucía este anillo, que significa la voluntad de llegar virgen al matrimonio, con orgullo y naturalidad. Pero en todo lo demás relacionado con su vida sentimental, consideraba que se trataba de un ámbito privado, que solo le interesaba a ella y a su familia.

Poco antes de estas fotografías, Selena se había visto en el ojo del huracán por culpa del vídeo grabado por Miley Cyrus y su amiga Mady Jiroux, en el que ambas parodiaban algunos de los vídeos caseros que Selena grababa junto a su gran amiga Demi Lovato y colgaba periódicamente en YouTube. Generalmente, los grababan en el ordenador portátil de Selena, en la habitación de esta en su casa de Los Ángeles, y aparecían comportándose como dos adolescentes más, contando cosas de su día a día, haciendo payasadas, bromeando... Su intención inicial había sido agradecer todo el apoyo que recibían de sus fans y poder comunicarse con ellos de una forma más directa y espontánea. A lo largo de las grabaciones, también hacían cómplices a sus seguidores de la amistad que les unía, les contaban pequeños secretos —como su apretón de manos secreto—, hablaban de chicos, del anillo de castidad que ambas llevaban...

La parodia de Miley Cyrus, bastante despiadada, había colapsado las redes sociales y reavivado la supuesta rivalidad entre las dos estrellas de Disney. Al final, Miley se había disculpado, aduciendo que solo había intentado gastar una broma, mientras que Selena había quitado hierro al asunto y aceptado las disculpas, pero la experiencia la había dejado muy escarmentada.

Tras la respuesta de Samantha, se hizo un incómodo silencio y Mandy le dirigió una mirada inquieta a su hija, pues sabía que esas revelaciones sobre sus supuestas relaciones sentimentales le resultaban muy difíciles de sobrellevar. Además, aunque entre madre e hija no habían existido nunca secretos, Mandy consideraba que Selena tenía derecho a conservar su pequeña parcela de intimidad, algo extremadamente difícil para una chica de 17 años que estaba siempre en el punto de mira de la prensa, y lo último que deseaba era someterla a un interrogatorio.

—No hace falta que me mires así, mamá —le dijo Selena como si pudiera leer los pensamientos de su madre—. Ya te lo he explicado, tan solo somos amigos. Sí, es un chico muy guapo, pero no ha habido nada serio. Hemos salido un par de veces en estos últimos meses, junto con Demi y su hermano Joe, y de vez en cuando, si está conectado, chateamos.

—Cariño, ya lo sé que es muy difícil no disponer de una vida privada como todas las demás chicas de tu edad. No creas que eso no me hace sufrir.

Pero no puedes tenerlo todo, fama, dinero, miles de fans que te adoran y una profesión que te apasiona. Es el lado amargo de la fama.

—No te preocupes, mamá, si ya lo sé. Lo tengo más que asumido, pero me fastidia que se inventen historias, como cuando dijeron que me había enamorado de Cody Linley o que estaba saliendo con Taylor Lautner. Me fastidia mucho que mientan sobre mí y no poder defenderme, pues si hago alguna declaración todavía es peor, todavía lo enredan más. Cuando tenga pareja de verdad, lo haré público y así ya no me andarán persiguiendo.

—Bueno —terció Samantha—. Ahora viene la buena noticia, la he dejado para el final. He recibido una llamada que te hará mucha ilusión, Selena, acaba de llamar la secretaria de Caryl Stern, presidenta de UNICEF. Está confirmado, ¡serás portavoz de la campaña Trick or Treat!

—¡Genial! ¡Qué flipe! —saltó de su silla Selena para darles un beso a Samantha y a su madre.

—¡Ves como la fama tiene sus lados buenos, que con ella puedes ayudar a los demás! —le dijo Mandy abrazándola emocionada.

Esta siempre había intentado educar a su hija en los valores de la solidaridad, y el ser portavoz de la campaña destinada a recaudar fondos durante la fiesta de Halloween para destinarlos a niños de todo el mundo les hacía una ilusión especial a las dos, pues les permitía utilizar su fama y aportar un granito de arena para que este mundo fuera un lugar un poco mejor.

La vocación solidaria de Selena le llevaría a dedicar cada vez más tiempo y esfuerzos a actividades relacionadas con la filantropía. Haber sido elegida por un organismo como UNICEF por encarnar valores positivos para la gente joven y por su proyección mediática se convertiría en una de las mayores satisfacciones de toda su carrera. Una vocación que se vería recompensada en 2009, cuando fue elegida embajadora de buena voluntad de la UNICEF, convirtiéndose en la persona más joven en recibir esta distinción, superando a la cantante Hayley Westenra, que lo logró con 18 años.

Sin duda una gran responsabilidad para una adolescente de 17 años, no siempre fácil de compaginar con su apretada agenda como protagonista de *Wizards of Waverly Place*, con sus papeles esporádicos en el cine y ahora con su nueva faceta de cantante.

En septiembre de 2009, salió al mercado *Kiss & Tell*, el primer álbum de Selena Gomez & The Scene, del que se vendieron casi 800.000 copias solo en Estados Unidos y que fue disco de oro ese mismo año. Su música, una mezcla de distintas tendencias en las que podían percibirse influencias del *teen pop*, del *dance*, del *pop rock*, del *emo* y el *electro-pop*, todas ellas aglutinadas en la voz de Selena, tan dulce como potente, arrasó en las listas *top ten* de todo el mundo.

Un éxito rotundo que les dio alas para publicar al año siguiente su siguiente álbum, *A Year Without Rain*, con mayores influencias *dance* y *electro-pop* que el anterior, que sería igualmente disco de oro y que la crítica aclamaría como un trabajo más maduro que el anterior. Con una excelente producción, unos estribillos pegadizos y una imagen impactante, no defraudó a su público y dejó patente que Selena nunca se iba a limitar a ser una «princesa Disney del pop», como alguna vez se llegó a decir, y que tenía todavía mucho que ofrecer.

11

La luna de Costa Rica

En el hall acristalado del hotel de cinco estrellas con espectaculares vistas a Playa Bonita, en Costa Rica, donde todo el equipo de la película se iba a alojar durante las semanas de duración del rodaje, Selena llevaba más de una hora esperando con visible impaciencia, yendo de un lado a otro del inmenso *hall* ante la mirada curiosa de los empleados de recepción. Mandy y su padrastro, Brian, habían subido a la habitación a descansar después de la comida, pero Selena estaba demasiado nerviosa como para tumbarse un rato, por lo que prefirió esperar abajo. De repente, mientras se había quedado un momento quieta, contemplando absorta el horizonte y con la mirada fija en la línea donde el mar parece fundirse con el cielo, oyó una voz muy familiar que le decía:

—¿Quieres pintar en mi libro de colores?

¡Por fin había llegado! Selena se dio la vuelta para fundirse en un abrazo con su gran amiga Demi Lovato. La de veces que habían soñado con poder volver a rodar juntas y ahora sus deseos se habían hecho realidad, y encima en un lugar de ensueño como era Costa Rica.

Selena acababa de finalizar su primera gira con Selena Gomez & The Scene, con la que había recorrido varios estados y hasta viajado a Inglaterra y, aunque había disfrutado muchísimo con el contacto directo con sus fans, se sentía muy cansada. Por ello, las semanas de rodaje de su próxima película, *Princess Protection Program**, una comedia llena de aventuras, se le presentaban casi como unas vacaciones, como una pausa en su frenética actividad antes de retomar la grabación de la serie *Wizards of Waverly Place*. Le esperaban unos días maravillosos en los que tendría cerca a su madre, a

---

* En castellano, la película se estrenó con el título *Programa de protección de princesas*.

Brian y a su mejor amiga. ¿Qué más podía pedir?

—¡Demi, qué alegría! ¡Tía, llevo un montón de rato esperando! ¿No teníais que estar aquí para el almuerzo? ¿Pero dónde estabais? Te he llamado un montón de veces y me salía siempre el buzón de voz —empezó a decirle atropelladamente Selena.

—El avión venía con retraso y yo también tenía unos nervios que no veas —le contestó Demi sofocada, mientras dejaba su equipaje de mano en el suelo y se dejaba caer en uno de los mullidos sillones de mimbre cubiertos con cojines de impoluta lona blanca del *hall*—. Además, para colmo, luego ha habido un problema con el equipaje y hemos tenido que esperar un buen rato. ¡No me puedo creer que volvamos a trabajar juntas en una película! —añadió, mientras las dos chicas, visiblemente emocionadas se cogían de las manos.

—¡Es una pasada! Yo tampoco me lo puedo creer. Encima en Costa Rica, ya verás cuando veas la playa, ¡vas a alucinar! Es uno de los sitios más bonitos que he visto en mi vida. Y la gente es tan dulce, son todos un encanto, te lo aseguro, ¡nos lo vamos a pasar genial!

—Sí, ya he ido siguiendo lo que has escrito en MySpace, ¡si hasta recomiendas a todo el mundo que viaje al menos alguna vez en su vida a este país! ¡He pensado, esta tía está colgada!

—No, para nada, cuando conozcas un poco el país me vas a dar la razón. Cuando pienso que parte de *Wizards of Waverly Place: The Movie* se va a grabar también aquí dentro de unos meses no puedo creer la suerte que he tenido. Y por si fuera poco —añadió Selena—, encima vamos a poder disfrutar de estar juntas día y noche, como en los viejos tiempos. Es una pasada...

—¡Yo casi ni me lo puedo creer, es flipante! Volveremos a estar juntas, tan juntas como en *Barney and Friends*. Ojalá *Princess Protection Program* fuese una serie y no solo una película.

Disney Channel había decidido volver a reunir a las dos estrellas y grandes amigas en esta película con una trama divertida y muy pintoresca, en la que Demi Lovato interpretaba a la princesa Rosalinda, procedente de un reino imaginario situado en Costa Luna y que debe ser sometida a un programa especial de protección en el extranjero porque su país ha sido invadido por un tirano. Para que no den con ella, Rosalinda tiene que hacerse pasar por una joven estadounidense cualquiera y residir en casa de Manson, director de la

Agencia de Protección de Princesas, fingiendo que se trata de una sobrina.

Manson tiene una hija, de la misma edad que la princesa, llamada Carter, el personaje que interpreta Selena, y que es precisamente la antítesis de Rosalinda: mientras la primera es de lo más pija y un tanto cursi, la otra es masculina, pasota y un desastre con los chicos. Al principio, parecen totalmente incompatibles y saltan chispas entre las dos, pero poco a poco acaban haciéndose amigas y suavizando mutuamente sus defectos con cualidades de la otra.

—Vamos, te acompaño a tu habitación —le dijo Selena—. Nos han reservado dos habitaciones conjuntas, así que nos podremos quedar hasta las tantas hablando de nuestras cosas. Jo, ¡tengo muchas cosas que contarte!

—Sí, me tienes que contar todo lo del viaje a Ghana. Quiero saberlo absolutamente todo. ¿Debió de ser bastante duro, no? —le preguntó Demi.

—Es una experiencia que no olvidaré nunca —empezó a contarle Selena—. He visto cosas que me han impresionado mucho, la miseria, el hambre, pero nunca he conocido a niños con esas sonrisas, que te agradecen con toda el alma cualquier cosa que puedas hacer por ellos, por pequeña que sea. Bueno pero ya te lo contaré con detalle, tengo las fotos en mi portátil.

En 2009 Selena había sido nombrada embajadora Oficial de la UNICEF, un nombramiento que le había llenado de orgullo. En su primera misión oficial, Selena había viajado a Ghana, donde había permanecido una semana para comprobar las condiciones más que precarias de los niños más pobres, que carecen de los mínimos vitales en ámbitos como la sanidad, la educación, la alimentación. La presencia de Selena en aquel país tenía por objeto llamar la atención del mundo rico sobre ese lugar perdido del planeta y, sobre todo, sobre sus habitantes más vulnerables, los niños.

—Demi —le dijo Selena con una repentina seriedad—. Tenemos que utilizar nuestra fama para hacer algo bueno por los demás. Es lo mínimo que podemos hacer para devolver toda la suerte que hemos tenido en nuestras vidas.

—Sí, ya lo hemos hablado muchas veces y sabes que estoy totalmente de acuerdo —asintió Demi—. Pero ya hablaremos de eso en otro momento, ¿vale? Vengo molida del viaje y lo único que me apetece es darme un baño en las aguas turquesas que he visto desde el avión.

—Pues venga, te acompaño a tu habitación a cambiarte. Y luego nos vamos a ir a dar un chapuzón a la playa que hay justo delante. Ya verás qué zumos de fruta tropical te sirven al borde del agua. ¡Están que te mueres!

—¡Fenomenal, me parece una superidea! —le contestó Demi entusiasmada.

—¿Pero sabes lo mejor de todo de estar aquí? —le preguntó Selena arqueando las cejas con una expresión que Demi conocía perfectamente—. Es que puedes ir prácticamente a cualquier sitio sin que nadie te reconozca. Hay un local donde podríamos ir a bailar salsa. Además, la gente tiene un carácter tan dulce, es increíble. Creo que es de los sitios que he visitado que más me gustan. Mientras esperábamos que llegara el equipo, Brian alquiló un coche y nos fuimos de excursión por toda la costa. Es de alucine, bueno en fin, no todo...

—¿A qué te refieres? —le preguntó intrigada Demi, al ver que su amiga cambiaba bruscamente de expresión.

—Pues verás, es muy desagradable, cuando me enteré casi me da algo, ya sabes cómo me gustan a mí los perros. Resultá que aquí hay un lugar que es una especie de playa para perros muertos, donde los llevan para que agonicen. Además hay una epidemia brutal de perros callejeros. Mi madre y yo nos quedamos de piedra.

—¡Uf, qué horror! —exclamó Demi.

—Pero ya conoces a mi madre. Al llegar al hotel, se puso en contacto con DoSomething.org y denunció la situación de estos pobres animales y estamos en conversaciones para que yo pueda convertirme en embajadora de un programa para la protección de los perros de Costa Rica.

—Vaya, tú no pierdes el tiempo... Ahora me dirás que también has conocido a un chico super guay...

Selena soltó una carcajada.

—La única que tiene algo que contar eres tú, guapa —le dijo con mirada cómplice Selena—. ¿Qué tal con Joe? He leído de todo estos días, que si os ibais a casar, que si habíais roto. Realmente, no saben qué inventarse...

La relación de Demi con el mediano de los Jonas Brothers se inició en 2007, cuando coincidieron en el rodaje de *Camp Rock*, una producción de Disney Channel cuya primera emisión alcanzó cuotas de audiencia jamás registradas. Que Demi se convirtiera en la chica más envidiada de todo el país por protagonizar este musical junto a los tres guapísimos hermanos se lo debía en parte a Selena.

Desde que Selena fuera seleccionada para Disney Channel en 2004, había hecho todo lo posible para que su gran amiga entrara a formar parte de la gran familia Disney, y le había conseguido muchísimas audiciones. Los celos y la rivalidad no formaban parte del vocabulario de las dos amigas, que compartían los éxitos y las decepciones de la otra como si fueran propios.

Un buen día, cuando Selena grababa en directo uno de los episodios de *Wizards of Waverly Place* había invitado a Demi, sentada en las gradas, a cantar en directo un gran éxito de Christina Aguilera, *Ain't no Other Man*. La poderosa voz de Demi no pasó desapercibida a los directivos de Disney, que empezaron a tomarse más en serio a partir de aquel día la posibilidad de contratarla.

Así fue como resultó elegida para la primera entrega del musical *Camp Rock*. Al poco tiempo de empezar el rodaje, Demi y Joe Jonas empezaron a sentirse atraídos el uno por el otro hasta que empezaron a salir juntos. Su relación se hizo pública y se convirtió en el romance adolescente más seguido por la prensa, además de dar pábulo a todo tipo de especulaciones.

—Bueno, pues allí estamos —contestó Demi mientras comprobaba en su móvil si tenía llamadas perdidas o mensajes—, pero es complicado, con todas esas fans de Joe persiguiéndole por todas partes. A veces me entran ganas de apartarlas como moscas. Yo procuro pasar de todas las bobadas que dicen y escriben, porque si no me volvería loca...

—La verdad es que a mí no me gustaría nada salir con un personaje famoso —la interrumpió con aire muy convencido Selena—. Ya bastante nos cuesta poder llevar una vida normal, lo más normal posible, como para que encima tengamos que intentar pasar desapercibidas para los fans de nuestra pareja.

—Lo único bueno de la situación es que él entiende perfectamente qué significa llevar una vida distinta a los demás chicos de nuestra edad y puedes compartir muchas cosas que con otra persona que no es del medio resultaría mucho más difícil —argumentó Demi.

—¡Puede, pero aun así te aseguro que no voy a salir nunca con nadie conocido! —siguió de rotunda Selena, mientras Demi la miraba con aire divertido, como quien no se tomara muy en serio a su amiga.

—Bueno, déjate de rollos, Selena, y vayámonos a la playa, ¡que me muero de ganas de darme un chapuzón!

Cuando llegaron a la playa, las dos amigas dejaron apresuradamente sus bolsas y toallas en la arena y corrieron hacia el agua. En esos momentos, estar sin la presión de la fama hizo que se sintieran profundamente livianas y libres en las aguas cristalinas de Playa Bonita.

12

La luna sobre Nueva York

Pare, ¡pare un momento, por favor! —le pidió
Mandy al taxista que la llevaba a su cita para al-
morzar en un restaurante de moda en el Soho de
Nueva York—. Sí, allí, delante de esos carteles.

El taxista obedeció y le dedicó una mirada de
pocos amigos a través del retrovisor, antes de con-
testar con improperios a los coches que se había
visto obligado a esquivar para no colisionar. Llevaba muchos años en el oficio y estaba acostum-
brado a los turistas que se extasiaban ante algún
restaurante conocido o alguna tienda emblemática
de Nueva York. Por este motivo no entendió por
qué esa mujer, que por su acento hubiese apostado

cualquier cosa que era de Texas, le pedía que se detuviera delante de las vallas de un edificio en obras de la Calle 59 recubiertas con carteles publicitarios.

—Es mi hija, ¿sabe? —le dijo Mandy con una sonrisa radiante y señalando las vallas publicitarias, como si esperara encontrar algún tipo de complicidad en ese taxista seboso y malhumorado que apenas la había saludado al entrar.

Y como sus palabras tan solo provocaron que el hombre arqueara una de sus cejas con más indiferencia que incredulidad, Mandy volvió a insistir:

—Sí, el cartel de la película de aquí delante, el de *Ramona and Beezus*,* ¡es mi hija!

Mandy jamás dejaba de sorprenderse por la fama de su hija cuando se topaba de repente con alguna imagen suya en los kioscos, en la televisión, en los carteles de la calle... Siempre experimentaba la misma impresión de irrealidad, que luego daba paso a una sensación de gran felicidad y orgullo.

Como haciendo una concesión para que no le incordiaran más y poder proseguir la carrera, el

* En España, la película se estrenó como *Ramona y su hermana*.

taxista echó una ojeada al cartel de la película en la que aparecía Selena junto a Joey King, la actriz que interpretaba a su hermana pequeña, pegada a su espalda y asomando la cabeza por su cintura.

—Pues parece una buena elementa —se limitó a articular el taxista—. Niños, pufff....

—No, la pequeña no —le aclaró Mandy, al darse cuenta de que había pensado que su hija era la menor de las dos hermanas—. Mi hija es la mayor, es Selena, ¡Selena Gomez!

Entonces fue cuando el taxista se dio la vuelta por vez primera y, tras mirarla incrédulo de arriba abajo, le espetó:

—Pues sí que empezó usted jovencita, señora...

Molesta por ese comentario que le pareció fuera de lugar, y por la falta de entusiasmo del taxista por que fuera la madre de una actriz famosa, Mandy le pidió secamente al taxista que continuara su ruta. Se dijo a sí misma que no dejaría que ese comentario le amargara la alegría de haber visto una fotografía de su hija en pleno Manhattan, junto a un anuncio de Nike.

Ramona and Beezus era una adaptación cinematográfica, dirigida por Elizabeth Allen, del clásico de la literatura estadounidense escrito por

Beverly Cleary. Este narra las aventuras de una niña traviesa y de imaginación desbocada, Ramona, que saca de sus casillas a su hermana mayor, Beatrice (a quien todos llaman Beezus), papel interpretado por Selena, una adolescente mucho más seria y responsable, lo que propicia todo tipo de desencuentros y peripecias.

Esta película había supuesto un prometedor punto de inflexión en la carrera de Selena, pues era la primera vez que esta participaba en una producción fuera de la órbita de Disney. Haber sido elegida por la 20th Century Fox para protagonizar esta película de 15 millones de dólares había supuesto una inyección de ánimo importantísimo para ella. Mandy esbozó una sonrisa cuando recordó las palabras de su hija al confirmarles que el papel era suyo:

—Mamá, no quiero parecer ninguna ingrata, sé que se lo debemos todo a Disney, ¡pero hay vida después de Disney!

Aunque ese comentario le había parecido un tanto cínico, ¡cuánta razón tenía! La serie *Wizards of Waverly Place* ya iba por su tercera temporada, pero era evidente que no iba a durar eternamente, a lo sumo una temporada más, del mismo modo que resultaba evidente que Selena no podía ser la eterna adolescente y que tenía que empezar a participar en otros proyectos más allá de los destinados a Disney Channel si quería que su carrera tuviera una continuidad. Estaba a punto de cumplir los dieciocho años y Mandy había experimentado la misma angustia que cuando Selena dejó de ser una niña y tuvo un momento de *impasse* en su carrera después de *Barney and Friends*. Esos momentos de transición para un actor infantil o adolescente son siempre muy delicados y en algunos casos suponen el fin de su carrera.

Por eso, precisamente, desde que Selena había empezado a trabajar en televisión con tan solo siete años, Mandy se había esforzado mucho en que recordara sus raíces, el lugar de donde venía y que fuera consciente de que todo podía acabar en un momento, que la fama era muy efímera y no debía subírsele a la cabeza. Pero, aun así, era muy consciente de que estos años en que Selena se estaba convirtiendo en toda una mujercita eran determinantes para su futuro profesional y que no sería nada fácil asimilar que su carrera no tuviera una proyección en el futuro.

Por ese motivo, cuando Selena obtuvo uno de

los papeles protagonistas de esta película producida por la 20ᵗʰ Century Fox, Mandy vio los cielos abiertos. Los productores quedaron tan satisfechos con el trabajo de Selena que contaron con ella para su segundo proyecto, *Monte Carlo*, bajo la dirección de Tom Bezucha, y cuyo rodaje se estaba realizando precisamente en estos momentos en Francia. En ella interpretaba a una joven tejana que viaja a París junto con una amiga y su hermana —interpretadas respectivamente por Katie Cassidy y Leighton Meester— y que es confundida por una rica heredera. Las chicas deciden no aclarar la confusión para poder pasar unos días de ensueño en Montecarlo, donde su doble identidad da pie a todo tipo de equívocos y situaciones hilarantes.

Mientras el taxi recorría las calles del lujoso Upper East Side en dirección al Soho, donde había quedado para almorzar con su vieja amiga Cindy, Mandy empezó a revivir intensamente, como si no hubiesen transcurrido casi veinte años, aquellos meses que vivió en la ciudad estudiando arte dramático. Recordó su llegada a la estación de autobuses con un par de maletas y muchas ilusiones en ellas e intentando disimular lo sobrecogida que se sentía por estar sola en la gran ciudad de Nueva

York. ¡Para ella fue toda una aventura llegar a la casa de huéspedes donde había reservado una habitación, situada cerca de la escuela de arte dramático! Al cabo de algo menos de un año, volvía a hacer el camino inverso de vuelta a casa, con su precioso bebé entre los brazos. Ahora le parecía increíble que una chica de 16 años, los que ella tenía por aquel entonces, hubiese podido afrontar con tanto aplomo esa situación.

Desde aquel día que se marchó de Nueva York en el coche que ella y Ricardo habían alquilado para transportar sus escasas pertenencias y volver a casa, habían pasado muchas cosas, la vida sin duda había sido muy generosa con ella.

Ahora se encontraba nuevamente en Nueva York, donde había vuelto con su segundo marido, Brian, para pasar unos días de vacaciones en la Gran Manzana, ir a ver los últimos estrenos teatrales, ir de compras... antes de volar hacia Cannes, donde permanecería junto a Selena durante las semanas que faltaban para que finalizara el rodaje de *Monte Carlo*.

Su pequeña Selena... aquel bebé que no había parado de llorar durante aquel interminable y sofocante viaje en ese coche de alquiler cuyo aire acondicionado funcionaba a trompicones, era ahora una de las jóvenes actrices y cantantes más famosas del país, con una inmensa proyección internacional. Su vida había dado un giro de 180 grados y solo podía estar agradecida por tanta dicha. La voz ronca del taxista la sacó de sus pensamientos.

—Hemos llegado, señora, 18 con 50 —le dijo el hombre bajando el taxímetro.

Selena le tendió apresuradamente un billete de 20 dólares y salió sin esperar al cambio ni decir adiós.

Entró en el exquisito local de comida japonesa en el que había dado cita a Cindy, una de sus grandes amigas, y a quien había conocido precisamente en su época de estudiante en la escuela de arte dramático. Esta la había ayudado mucho cuando se quedó embarazada y también cuando nació Selena, lo que hizo que naciera una sincera amistad y que hubieran mantenido el contacto durante todo ese tiempo. Cindy había dejado muchos años atrás su carrera para ir a la universidad y ahora era profesora de literatura inglesa, además de feliz madre de tres hijos, el último de los cuales era aún un bebé.

Mandy distinguió su inconfundible melena pelirroja rizada y su cara risueña que le hacía señas desde una de las mesas del fondo, y se dirigió hacia ella. Cuando estuvieron cara a cara, se fundieron en un gran abrazo.

—¿Cómo estás Cindy? ¡Te veo genial!

—¡Tú sí que estás guapa, se nota que te cuidas! Yo me estoy volviendo loca con tantos niños en casa, y el tercero es malísimo, no me deja dormir... —respondió entre risas.

—¡Qué niño tan precioso, Cindy, he visto las últimas fotos que me has mandado! Ya sabes que Brian y yo lo llevamos intentando unos meses, pero por el momento no hay manera de quedarme embarazada —añadió Mandy alzando los hombros—. ¡Con lo fácil que me resultó cuando casi era una niña!

—Sí, son ironías de la vida. Pero tan solo es cuestión de tiempo que vuelvas a ser madre, ya lo verás —la tranquilizó Cindy acariciándole la mano—. Oye, pero, antes de contarnos nuestras cosas, ¿qué hay de lo de Selena?

—Pensaba que ya te lo había contado, Selena está en París, grabando una comedia que se va a llamar *Monte Carlo*...

—Sí, ya me lo has contado, pero no me refiero a su carrera —le interrumpió Cindy con una sonrisa cómplice y los ojos chispeantes.

—¿Entonces? ¿A qué te refieres? —preguntó Mandy con aire desconcertado.

—No te hagas la boba conmigo, Amanda Cornett —le contestó con su habitual estilo directo Cindy—. He sido de las primeras en tener a esa niña entre mis brazos y la quiero como si fuera mi sobrina. Me estoy refiriendo a los rumores que corren sobre una posible relación de Selena con ese chico que lleva un flequillo muy largo... cómo se llama...

—Justin Bieber, se llama Justin Bieber —respondió con tono cansado Mandy—. ¿Tú también me sales con esas? Está todo el mundo revolucionado con ese asunto. Pero siento decirte que mis labios están sellados —le contestó con una mueca divertida Mandy.

—No te hagas de rogar querida, porque sabes que al final me lo acabarás contando todo, absolutamente todo, eres incapaz de resistirte a uno de mis interrogatorios —insistió Cindy con una amplia sonrisa.

—Mira, por el momento, solo son amigos y lo

demás son puras especulaciones —terció Mandy—. Pero no te preocupes, en cuanto haya petición de mano oficial serás la primera en saberlo para que puedas ir a comprarte la pamela más grande de todo Manhattan. Dicho esto, ¿podemos pedir ya? ¡Tengo un hambre de mil demonios!

Las dos amigas rieron alegremente.

Esa noche en la suite del hotel en el que se alojaban, Mandy se levantó con sigilo de la cama para no despertar a Brian y se dirigió a la ventana. Acercó una pequeña butaca de diseño gris perla y permaneció largo tiempo sentada en ella contemplando la luna llena sobre Nueva York y rememorando todos esos años transcurridos desde aquella noche en la que, profundamente asustada tras descubrir que estaba embarazada, había buscado consuelo en la cara bondadosa de la luna.

13

Fin de ciclo lunar

En la planta superior de la casa de una lujosa urbanización de Valle de San Fernando, en Los Ángeles, donde la familia se había trasladado años atrás, Mandy y Selena esperaban impacientes la visita de Eric Newman, un conocido productor de Hollywood, además de amigo personal.

En el amplio estudio de la planta superior, en el que Mandy había instalado su despacho, Selena se encontraba tuiteando delante del ordenador, una actividad a la que le dedicaba varias horas a la semana y que le permitía estar en estrecho contacto con sus seguidores, que mes a mes no paraban de aumentar y que, en la actualidad, sumaban cerca de diez millones. Mandy, mientras, despachaba algunos asuntos urgentes de July Moon Productions. Ambas llevaban un buen rato en silencio, intentando disimular el nerviosismo que las embargaba .

—Se está retrasando mucho, ¿no, mamá? —dijo por fin Selena.

—No, cariño, hemos quedado entre las 15 h y las 16 h —intentó tranquilizarla Mandy—. Eric no sabía exactamente a qué hora llegaba su vuelo de San Francisco.

Eric Newman, presidente de Strike Entertainment, una productora de películas de acción y fantasía, había llamado días antes a Mandy y le había comunicado que tenía un gran proyecto para Selena, pero que no quería anticiparle nada por teléfono. Mandy había insistido en que le diera algún dato más, pero Eric le había reiterado que se lo quería explicar todo personalmente, por lo que la expectación de madre e hija era grande.

—¡Creo que ya está aquí, oigo un coche! —exclamó Selena corriendo hacia la ventana. Echó su larga melena azabache hacia atrás mientras se asomaba a la ventana vestida con unos *leggings* rojos y una larga camiseta deshilachada en blanco y negro—. ¡Mamá, se acaba de parar un taxi delante de la puerta, es él!

Cuando al cabo de escasos minutos Eric entró en el despacho, precedido por la asistenta, Mandy no pudo evitar exclamar, después de darle un abrazo:

—Eric, viejo zorro, ¡nos tienes en ascuas con tanto misterio!

—¿Cómo están mis dos chicas de Texas favoritas? —contestó con una amplia sonrisa.

Selena y Mandy no pudieron evitar echarse a reír, pues Eric era de esos hombres con una simpatía arrolladora que tienen el don de hacer sentir a los demás que son especiales. Después de darle un fuerte abrazo a Selena, la cogió de las manos y se separó de ella para poder verla mejor y decirle:

—Selena, ¡cada día estás más guapa! Se nota que el amor te sienta estupendamente, ese brillo inconfundible en la mirada...

—¿Vas a empezar con eso tú también? —le cortó en tono de broma Selena.

Desde que el pasado mes de febrero Selena había acudido en compañía de Justin Bieber a la fiesta organizada por *Vanity Fair*, tras la ceremonia de entrega de los Oscars 2011, el revuelo mediático había sido monumental y las fotografías de la pareja cogida de la mano habían circulado por todas las redes sociales, pero también habían aparecido impresas en la prensa de medio mundo.

Aparecer públicamente como lo que eran, es decir una pareja de jóvenes enamorados, había sido fruto de una decisión profundamente meditada, que contaba con el respaldo de la familia de ambos y también de su círculo más cercano. Con ello pretendían acallar los rumores y no estar constantemente en el centro de todo tipo de falsas especulaciones, algunas de ellas muy malintencionadas.

—Me alegro mucho por ti de que decidieras hacer pública tu relación —le dijo Eric—. Justin es un chico estupendo y hacéis una pareja maravillosa. Me imagino que ahora andaréis mucho más tranquilos sin tener que esconderos permanentemente de los *paparazzi*.

—Ni te lo imaginas —asintió Selena—. Además, era algo que les debíamos a nuestros fans, a toda la gente que viene apoyándonos desde hace años. No les podíamos seguir ocultando algo así.

—Te entiendo, preciosa —le contestó Eric con una sonrisa llena de comprensión—. Pero volviendo al motivo de mi visita, ¿no decías que ya estabas harta de tener esa imagen edulcorada de estrella de Disney y que querías dar un giro a tu carrera, que estabas deseando demostrar que eres una actriz con todas las de la ley? Pues aquí te traigo justo lo que necesitas —añadió mientras daba golpecitos con la mano a la cartera de piel que traía consigo.

Y ante la mirada sorprendida de madre e hija, la abrió y sacó un amplio pliego de folios encuadernados y dejó caer sobre la mesa lo que a todas luces era un guion.

—¿Os suena el bestseller *Thirteen Reasons Why*,* de Jay Asher? —les preguntó.

—Sí, no llegué a leerlo pero recuerdo que tuvo mucho eco en la prensa —contestó Mandy—. Fue un gran éxito de ventas hace tres o cuatro años, ¿no? Es una novela durísima, creo recordar, que trata sobre una chica que se suicida.

—Sí, así es —asintió Eric—. Antes de quitarse

* En España, la novela fue publicada con el título de *Por trece razones*.

la vida, Hannah, la protagonista, graba una serie de cintas, dirigidas a trece personas, en la que explica las trece razones que la han llevado al suicidio. Clay, un compañero de clase, recibe el paquete por correo dos semanas después de la muerte de Hannah y empieza a descubrir su dolorosa historia...

—¡Ostras, qué fuerte! —exclamó sobrecogida Selena.

—En colaboración con Universal Pictures, he comprado los derechos de la novela de Jay Asher —prosiguió Nike—. Me gustaría que la coprodujéramos junto con July Moon Productions. Es una gran historia y una oportunidad para Selena para dar un vuelco a su carrera.

Y mirando fijamente a esta, añadió con cierta solemnidad:

—Ya te imaginas a quién encarnarías en la película...

—¿Yo, en el papel de una chica que se suicida? —contestó Selena respirando profundamente y mirando a su madre desconcertada, mientras su corazón empezaba a latir con fuerza—. Pero es un papel superdramático, no sé si...

—¿Y por qué no? —preguntó Eric—. Hemos

hablado largamente con tu madre de que tu carrera se está aproximando a un punto de inflexión, de que no quieres, ni puedes, ser eternamente una princesa Disney, y que quieres volcarte de lleno en tu carrera como actriz. Este papel podría ser el cambio de registro que necesitas y marcar un antes y un después.

Efectivamente, 2012 iba a ser un año crucial para la carrera de Selena por múltiples motivos. En primer lugar, porque a principios de año iba a emitirse el último episodio de *Wizards of Waverly Place,* que pondría punto y final a cinco años ininterrumpidos en los que la grabación de la serie había marcado el ritmo de la vida de Selena. En segundo lugar, porque Selena ya había cumplido 18 años y tenía que enfocar su carrera más allá de la órbita de Disney si no quería perder el tren y quedarse en el camino como muchas otras estrellas infantiles y adolescentes que ya nadie recordaba. El tercero de los motivos residía en que Selena, después de su tercer álbum con su banda, Selena Gomez and The Scene, *When The Sun Goes Down,* con el que había recibido un nuevo disco de oro, había empezado a sentir la necesidad de tomarse un descanso en su carrera musical para poder centrar su carrera en el mundo de la interpretación.

Precisamente con esa intención, y tras mucho meditarlo con la ayuda de Mandy, Selena había aceptado participar en el rodaje de *Spring Breakers*, dirigida por Korine Harmony, director y productor de cine independiente cuya carrera no había estado exenta de polémica, especialmente por la película *Kids*, de la que fue guionista. *Spring Breakers*, protagonizada por Vanessa Hudgens, Ashley Benson y Heather Morris, además de por Selena, pondría en escena a un grupo de chicas universitarias, alocadas y con escasos escrúpulos, que no dudaban en robar y relacionarse con un traficante drogas para pagarse unas vacaciones en Florida.

—¿Qué te parece mamá? —miró ansiosa Selena a su madre, como si necesitara ver antes la reacción de Mandy para poder expresar realmente su opinión.

—Sí, efectivamente, sería un gran reto —asintió Mandy—. Pero tenemos que pensarlo muy bien. ¿Qué piensas tú, Selena?

—Uf, no lo sé, mamá. Por un lado me parece genial, pero por otro lado estoy temblando por dentro. Es superfuerte interpretar a una chica que quiere suicidarse.

—Mirad —prosiguió Eric—. Lo primero que tenéis que hacer es leer la novela. Después leéis el guion y nos volvemos a reunir de aquí un par de semanas para intercambiar impresiones. Por mi parte —añadió dirigiéndose a Selena—, no me cabe la menor duda de que estarás a la altura del personaje y que lo bordarás.

—Gracias, Eric —le respondió Selena con una leve sonrisa que no logró ocultar todas las inseguridades que experimentaba en esos momentos.

—Pero dejemos de hablar de trabajo —terció Eric—. También me apetecía venir a veros para saber cómo estás tú, Mandy —le preguntó con mucha dulzura y acercándose a ella para cogerle la mano—. Lo sentí mucho cuando supe que habías perdido el bebé que esperabas. Todavía eres joven para ser madre de nuevo...

—Estoy mejor Eric, gracias de corazón por los mensajes tan cariñosos que me enviaste —contestó Mandy, mientras Selena se acercaba a su madre y la rodeaba con sus brazos—. Selena y Brian me están mimando mucho, y eso que ellos lo han pasado casi tan mal como yo...

—Mamá, por favor, no te pongas triste —intervino Selena—. Yo sé que voy a tener un hermanito, te lo he dicho muchas veces y tú ya sabes que soy un poco bruja, ¡deformación profesional!

Los tres se pusieron a reír y la tristeza pareció disiparse. El futuro estaba lleno de incertidumbres, era innegable, pero igualmente se perfilaba con un sinfín de nuevas oportunidades y de sueños por cumplirse.

14

Plenilunio

Dos jóvenes están tumbados boca abajo sobre sus toallas junto a la orilla del mar en la paradisíaca playa de Lanikai, en Hawai. Las olas acarician suavemente sus pies entrelazados mientras ellos, con el pelo empapado y las cabezas muy juntas, parecen susurrarse confidencias, alternadas con besos y caricias. Él lleva un bañador hasta las rodillas que, a la altura de las caderas, deja entrever la marca del bronceado. Su nuca recortada rubio oscuro contrasta con la larga melena oscura de la chica, que cae alborotada sobre su cimbreante espalda morena, dándole un aspecto de nativa del paraíso hawaiano.

—Me parece que no me acostumbraré nunca a no preocuparme por los *paparazzi* —dijo de pronto Selena—. ¿No te parece flipante que no tengamos que estar mirando si hay o no un teleobjetivo oculto detrás de las palmeras allá al fondo?

—Sí, es total no tener que escondernos —le contestó Justin cogiéndola por la cintura.

—Te das cuenta, Justin, que desde que estamos aquí nos hemos dado al menos 150 besos sin importarnos nada...

—No, 150 no, han sido 151, 152, 153 —empezó a enumerar Justin sellando con un beso este recuento tan especial.

Ambos rieron emocionados.

—Al fin y al cabo, hace algo más de un año que somos «oficialmente» pareja, ¿no? —afirmó Justin—. Puedo besar a mi novia donde me apetezca y las veces que quiera. ¡Eh, mundo mundial, mirad, Selena Gomez y Justin Bieber son novios! —empezó a vocear poniéndose de rodillas como si se dirigiera a una audiencia invisible.

—¡Calla, bobo!, tampoco es cuestión de llamar la atención —replicó Selena divertida mientras hacía que volviera a tumbarse.

Sin duda el día al que acababa de referirse Justin, en el que «oficializaron» su relación, había cambiado sus vidas. Selena no olvidaría jamás aquel momento en el que, antes de salir de la *limousine* que se había detenido delante del Sunset Tower Hotel donde se celebrara la fiesta de *Vanity Fair*, Justin había cogido sus manos entre las suyas y mirándola intensamente a los ojos le había preguntado:

—¿Estás segura del paso que vamos a dar?

—No he estado nunca tan segura de algo en toda mi vida.

Las horas que transcurrieron después desfilaron como en un sueño. Bajo la lluvia de *flashes* que cayeron sobre ellos, con una naturalidad de la que ellos mismos fueron los primeros sorprendidos, se prodigaron sin cesar muestras de cariño, que evidenciaban la felicidad que sentían de reafirmar su amor ante las cámaras y el mundo entero. Selena había elegido para la ocasión un precioso vestido rojo pasión de Dolce & Gabbana con pronunciado escote, a juego con el color de sus labios carnosos. Justin también había puesto una nota de rojo a su esmoquin y camisa negros, añadiendo un pañuelo de ese color en el bolsillo. A nadie le pasó inadvertido que la elección de ese tono, símbolo por excelencia del amor y de la pasión, suponía toda una declaración de intenciones. Ya no eran un par de niños, y querían que la gente se tomara en serio su relación.

Aquella primera aparición había supuesto todo un maremoto para sus fans y los medios de comunicación, pero después había vuelto la calma y al poco sus apariciones en grandes acontecimientos de la música, como los Grammy o los Billboard Music Awards, en estrenos y fiestas, o simplemente paseándose por la calle o asistiendo a un partido de los Lakers se había convertido en algo habitual. A largo de todo ese año, ellos no habían dejado de dar muestras de su amor en público, aunque siempre había quienes se empeñaban en anunciar su ruptura. Selena y Justin habían aprendido a que no les afectaran esos rumores, a preservar su parcela de intimidad y encontrar algún momento entre su frenética actividad para escaparse juntos y refugiarse en las idílicas playas de Florida, Hawai o el Caribe.

Justin le había sorprendido con estas pequeñas vacaciones en Hawai en un momento muy delicado para ella. Selena acababa de filmar el último episodio de *Wizards of Waverly Place*, cuya emisión, el 6 de enero de 2012, con casi diez millones de espectadores, batió un record en Disney Channel. Pero ese éxito de audiencia no evitó que Selena experimentara una profunda tristeza al tener que separarse de sus hermanos de reparto, David Henrie y Jake Austin, con los que había compartido cinco años de su vida.

—Justin —empezó a decir Selena—. Ya no me importa nada de lo que puedan decir, ya no tengo ningún miedo a que nos puedan separar con habladurías. Ni siquiera me importan esas fans tuyas desquiciadas que se pasan el día criticándome e incluso insultándome. Tan solo tengo miedo a una cosa.

—¿A qué? —le preguntó Justin incorporándose y haciendo que Selena se diera la vuelta y lo mirara a la cara.

—Tan solo hay una cosa que me da miedo —prosiguió Selena con voz entrecortada—. El tiempo, o mejor dicho, la falta de tiempo que tenemos para estar juntos. Yo tendré que viajar a Bulgaria para el rodaje de *Get Away* y tú empiezas una gira por todo el mundo. ¿Cuándo, cuándo vamos a poder estar juntos?

—Ya lo hemos hablado muchas veces —le contestó Justin cogiendo su cara entre las manos—. No es cuestión de cantidad sino de calidad, y a tu lado cada segundo se multiplica al infinito.

—Te quiero.

—Yo también te quiero, Selena. Por cierto, ¿por dónde íbamos? Creo que estábamos por el 154, 155, 156...

—¡Qué tonto eres! —le dijo Selena entre risas.

Los dos jóvenes retoman su postura boca abajo sobre las toallas y siguen susurrándose palabras al oído, jugueteando con sus pies entrelazados. Las olas han empezado a empapar cada vez más sus cuerpos y sus toallas, pero a ninguno de los dos parece importarles lo más mínimo. En esos momentos se sienten ajenos a todo y a todos, mientras el tiempo, ese testigo implacable que une y desune, parece haberse detenido para ellos.

Filmografía

Cine

2003 *Spy Kids 3-D: Game Over*
2005 *Walker, Texas Ranger: Trial by Fire*
2006 *Brain Zapped*
2008 *Another Cinderella Story*
2009 *Princess Protection Program*
      Wizards of Waverly Place: The Movie
2010 *Ramona and Beezus*
2011 *Monte Carlo*
2012 *Thirteen Reasons Why*
      Spring Breakers
      The Getaway

Series de televisión

1999 *Barney & Friends*
2006 *The Suite Life of Zack & Cody*
2007 *What's Stevie Thinking?*
2007-2012 *Wizards of Waverly Place*

Discografía

Bandas sonoras

Another Cinderella Story
Wizards of Waverly Place
Shake It Up: Break It Down

Como solista

Cruella de Vil
Fly to Your Heart
Tell Me Something I Don't Know
One and the Same (con Demi Lovato)
Magic
Send It On (con Miley Cyrus, Jonas Brothers y Demi Lovato)
Whoa Oh! (con Forever The Sickest Kids)

Albums con Selena Gomez & The Scene

2009

Kiss & Tell
Kiss & Tell
I Won't Apologize
Falling Down
I Promise You
Crush
Naturally
The Way I Loved You
More
As A Blonde
I Don't Miss You At All
Stop and Erase

I Got U
Tell Me Something I Don't Know

2010

A Year Without Rain
Round & Round
A Year Without Rain
Rock God
Off the Chain
Summer's Not Hot
Intuition
Spotlight
Ghost of You
Sick of You
Live Like There's No Tomorrow

2011

When the Sun Goes Down
Love You Like a Love Song
Bang Bang Bang
Who Says

We Own the Night
Hit the Lights
Whiplash
When the Sun Goes Down
My Dilemma
That's More Like It
Outlaw
Middle of Nowhere
Dices